# 学びを支える

## 安城作野小学校の実践

舩尾日出志・市川正孝・野田恵美・早川一雄 編著

学文社

## はじめに

　プールもない。体育館もない。できかけの9教室の校舎とプレハブ教室。そんななかで，安城市の13番目の新しい小学校，我らが作野小学校が発足した。今から33年前の昭和44年の4月のことだった。
　当時3年生だった洋子さんは
「私は，作野小学校を日本一のいい小学校にすると心にきめています。プールや体育館のない作野はぼろだと聞いたこともあります。でも，いい学校は外から見ただけではわかりません。私たちのおこないや心の美しさを見てください。新しい教室でどしどし勉強して日本一のいい学校にします」
と書いている。
　また，今では祖父母となられた当時の保護者の皆様方も花壇を作ったり，植樹をしたりなど，ともに環境整備に汗したことを懐かしまれる。
　子どもの学びのためなら，学校のためなら何事にも進んで協力していただける地域の方々，そして，保護者の皆様方，こんな風土・伝統がいつしかできあがっている。それにこたえようとする教師集団の頑張りも並大抵ではない。素晴らしい学区に，素晴らしい教師集団。これこそ本校の宝であり，伝統である。
　近年，本校では，平成6年から10年まで「共生の教育の創造」を研究テーマに掲げて，さまざまな形で総合的な学習を模索してきた。そして，平成11年度からは新しい学習指導要領の告示を受けて，テーマを「自ら学び，自らの生き方を拓く子どもの育成」とあらためて研究実践を積み重ねている。

作野小学校校長　平澤　盛久

## 夢をかなえてほしい

　学校教育について，「いじめ」，校内暴力，不登校，学級崩壊等の暗い言葉で語られる。そのような病理学的問題の克服のためには，家庭―学校―地域―行政等の連携が求められる。その際，学校側が積極的に教育活動を公開し，公表することが必須である。本書刊行の目的はそこにある。

　しかし作野小学校との共同研究は本書のために始まったのではない。長友欽哉教諭(1998年度，ただし当時は安城市立南部小学校教諭)，市川正孝(1999年度)，野田恵美教諭[1](2000年度)そして川口きぬよ教諭(2001年度)はいずれも安城市教育委員会派遣研究生[2]として，舩尾の研究室に足をはこんだ。舩尾の方が実際に作野小学校を訪問し，授業をみ，その後の校内研修会に同席する機会をえることもあった。研修会の熱心さには驚いた。良き伝統が継承されていると思った。本書は良き伝統の所産である。

　上述の4人の教諭は愛知教育大学附属教育実践総合センターの研究協力員になった。したがって本書は地域に開かれ，地域の教育に関する諸問題に対処すべく開設された同センターにおける共同研究の所産でもある。

　同じ小学校から継続的に，舩尾の方に研究生が派遣されたのは，石原国基前校長の推挙によってであった。石原国基氏は教職員を信頼し，その自由と創意を尊重し，同時に起こったことの責任は自分がとるというタイプの校長であった。そのため，作野小学校のすべての教職員は積極的に，責任意識をもって日々の活動に取り組むことができたのである。本書刊行の直接的きっかけを与えたのは実は石原前校長の「夢をかなえてほしい」という意味の要請であった。

編者代表（舩尾日出志・市川正孝）

1）美術専攻の野田恵美教諭はこの本の表紙カバーデザインも担当した。
2）派遣研究生：基本的には職場では通常の勤務をおこなう。ただし勤務時間内に職場を離れて教育研究者等と共同研究をすることができる。舩尾の研究室には月に2度程度来ていただいた。成果は年度末に教育委員会に提出される教育論文等で発表される。

# 目　次

　　はじめに　1
　　夢をかなえてほしい　2

序　章　子どもと学びを支える────────────────── 7
　　第1節　日本の教育，日本の魅力 ………………………………… 7
　　第2節　子どもは哲学者 ……………………………………………… 8
　　第3節　哲学者は良き教育者 ………………………………………… 9
　　第4節　めざす教育 …………………………………………………… 9
第1章　作野小教育活動に取り組む────────────── 15
第2章　さまざまな場における学び支援───────────── 21
　　第1節　熱中の場 …………………………………………………… 21
　　　例1　梅の実をみつけたよ（1年生）　21
　　　例2　ドングリいろいろ大変身（1年生）　25
　　　例3　ダイズを変身させよう（2年生）　30
　　　例4　箏に親しむ（6年生）　34
　　第2節　追究の場 …………………………………………………… 39
　　　例5　ダイズ博士との出会い（2年生）　39
　　　例6　つくろうよ　作野の里にせせらぎ　水の駅（3年生）　43
　　　例7　作野小学校にビオトープをつくろう（3年生）　48
　　　例8　ハーブの班別追究から（4年生）　51
　　　例9　日本らしさを探る（6年生）　55
　　第3節　錬磨の場 …………………………………………………… 60
　　　例10　おとなしい子どもたち　共通テーマで話し合い（3年生）　60
　　　例11　ブタをどうするか　共通テーマで話し合い（5年生）　64
　　　例12　食の安全性を考える　―パネルディベート―（5年生）　68
　　　例13　一つの命をめぐって　―パネルディベート―（6年生）　71
　　　例14　アドバイス会でレベルアップ！　―相互評価―（3年生）　76

第4節　自己表出の場 ……………………………………… 81
　　　例15　幼稚園児との交流（1年生）　81
　　　例16　お手伝い名人技披露（1年生）　85

## 第3章　学びを支える地道な努力 ── 89

　　第1節　保健室から「きらめき学習を」 …………………… 89
　　第2節　ペア学級 …………………………………………… 96
　　第3節　エンカウンターを生かした学級づくり ………… 102
　　第4節　朝の会のスピーチ，読み聞かせで学びの基礎を … 107

## 第4章　特徴ある教育活動の成果 ── 111

　　第1節　本物との出会いを求めて ………………………… 111
　　　Ⅰ　新聞記者になって伝えよう（5年生）　111
　　　Ⅱ　こちら　子ども新聞編集局（6年生）　135
　　第2節　実感を持って考える学習の工夫 ………………… 149
　　　Ⅰ　コンピュータが広げる学習の輪　149
　　　Ⅱ　体験から学ぶ異文化理解（5年生）　155
　　第3節　戦時中の生活体験に迫る（4年生） …………… 162
　　第4節　調理実験って楽しいな（6年生） ……………… 171
　　第5節　音楽で自分の考えを表現する楽しさ（3年生） … 176
　　第6節　ケンの独り言―五感を使う日本語個別指導
　　　　　　（在日外国人児童の指導）― ……………………… 183
　　第7節　あこがれのマーチング …………………………… 191

## 補　章　ドイツの基礎学校実践から ── 197

　　第1節　異文化交流プロジェクトにおける他者理解 …… 197
　　第2節　宇宙と地球についての学び ……………………… 202


　子どもとともに育つPTA ……………………………………… 209
　Dreams come true ……………………………………………… 211

# 序　章　子どもと学びを支える

## 第1節　日本の教育，日本の魅力

　日本は教育立国的性格を有する国である。明治維新以降のみならず，実はそれ以前も教育立国であった。すなわち子どもを大切にし，子どもの学びを保障することに努め，子どもの教育に力をそそいできた[1]。三河の地，安城市も，教育を重視する地域である。もちろん教育に力をそそぎ，教育を重視すれば良いというわけではない。教育の質が問題となる。

　エレン・ケイが1900年に『児童の世紀』を刊行したのは，教育の質を変えるためであった。すなわち教育者の構えとして，「教師からの教育」から「子どもからの教育」への方向転換を求めてのことであった。かの女が「どのような点から観察しても，外面的奨励・威嚇的奨励の教育手段が，人類の主要な性質である内心の勇気や他人に対する仁慈心の発達を阻害するものであるということは，何人にとっても明白なことである」[2]と述べ，体罰を人間のうちに残存している獣性の発現であるとしている[3]ことなどは，かの女がめざした教育の方向を示している。実はその文脈のなかで，エレン・ケイは当時の日本の教育について言及している。少々長くなるが引用する。

　「ただ穏やかな訓練法だけが行われている国，たとえば日本のような国にあっては，子どもが体罰によって頑なにされていないから，剛毅は決して危険なものではないということになっている。このような穏やかな訓練法が，自治的な深慮を惹き起すに足りることは疑いない。自治的深慮などの徳が，かような訓練法によって，幼少時代にすでに子どもの心に深く感銘させられるということは，日本の魅力として第一に私たちの認めることが『彼の国人がどんなに生き物に注意深いやさしさを注ぐか』ということにあるに徴してもわかる。殴打の全く行われない国における社交の第一要件は，他人の不快を買う勿れということにある。日本においてたまたまある外人が石を犬に投げつけたが，犬は逃げなかったということである。これは犬がかつて何人にも石を投げつけられたためしがないからである。こうして動物をやさしく取り扱うのを見ても，日本人

がいかに互いにやさしさをもって交際するかが十分に推察される」[4]

1900年以前の日本人と日本の教育はヨーロッパ人によってそのように評価され，尊敬されていたのである。残念ながらその後の歴史は日本人が一時やさしさを喪失したことを示している。しかし再度，日本の魅力を取り戻すことは可能である。何より教育の力で。

**提案** 作野小学校における教育は魅力あるものか。どのような点で魅力的か，考察しよう。

## 第2節　子どもは哲学者

哲学者ハイデガーは暗唱の繰り返しが問うことを麻痺させる[5]と述べた後，知っている人とは，「いつも習うことのできる状態に自分を置いている人だけ」であり，さらに「習うことができるということは，問うことができることを前提としている」[6]と述べている。

哲学者は問う人であり，良き哲学者は良き問いを発する人なのである。その点では，おとなより子どもの方が哲学的であるのかもしれない。

さくらももこ氏はエッセイのなかで小学校1年生の息子さんが「ママさ，オレが赤ちゃんの時からオレの名前呼んでたんだろ」「オレの名前よく知ってたね」と言ったことを紹介し[7]ている。さすが，まるこちゃんの息子さん。実に哲学的発言である。

作野小学校の子どもたちも負けていない。総合的学習で取材した内容にもとづき6年生は学芸会で劇「僕らの町にも戦争があった」を演じた。ある子は「しんけんになっていこうと思いました。……軽々しく『死ね』とか言えなくなりました」と感想を述べ[8]，また別の子は「戦争は絶対命令」であり，「平和は自由」であるという認識を獲得し[9]た。総合的学習の時間が生きる力の養成にも，哲学レベルとも言えるような認識の深まりにも貢献したことが，事実としてわかる。

**提案** 作野小学校の子どもたちの良き問い，哲学者ぶりを発見しよう。

## 第3節　哲学者は良き教育者

　古来，哲学者はすぐれた教育的提言をおこなってきた。

　プラトンは，最古の教育書と称される『国家』のなかで，若者が学ぶうえで大きな苦労をすることを求めている。しかし「奴隷状態」で学ぶことについては厳しく戒めている。その理由としてかれは，無理に強いられた学習は魂に何ひとつ残さず，そして自由に遊ばせることで子どもの素質がよりよくわかる[10]ということをあげている。

　ヘーゲルも含蓄ある教育的発言をしている。たとえば厳格なしつけ（Zucht）は，しつけられる当人たちには，「だまって耐えていく盲目の運命としか思えない。……自分で自分を内部にひっぱっていく動きが見られない」[11]と述べている。

　以来，優れた教育者，教育思想家はそのプラトンやヘーゲルの精神をそれぞれの言葉で言いかえてきた。フレーベルが遊びこそが「人を力強くする精神の素晴らしい沐浴である」と述べた[12]こともそうである。エレン・ケイが1900年に願いをこめて『児童の世紀』を書いたのもそうである。

　そしてデューイは，子どもを太陽に擬した。デューイは子どもが太陽となり，その周囲を教育の種々のいとなみが回転する[13]ことを求めた。学習における無理強いを戒めたプラトンやヘーゲルの精神を，デューイはそのように表現したのである。それは決して安易な考え方でも，子どもを甘やかすことでもない。実はデューイは子どもたちにものごとを徹底的にやりとげる性格，精神的訓練，学習の技術的道具の習得[14]にも言及しているのである。そのことは偶然ではない。そもそも子どもを中心におく教育（総合的学習の時間もまたその系譜のなかに位置づけられる）こそが真に人間を育てる教育であるのだから。

　**提案**　作野小学校の教育的いとなみは，子どもたちの周囲を回転しているか，考察しよう。

## 第4節　めざす教育

　プラトンやヘーゲルの精神を，ここでは4つの観点（① 子どもと権利，② 子どもと失敗，③ 生活のための学び，④ 子どもと人間）から，言いかえる。それが，

めざす教育である。

## 1．子どもと権利

21世紀の今日，子どもが権利[15]をもっていることを公然と否定する人はいない。しかし100年前，20世紀の初頭にあっては事情は違っていた。子どもの権利のために奮闘することは改革を志向する教育者たちの重要な関心事であった。たとえばエレン・ケイやモンテッソーリを，あげればよいであろう。

2度の世界大戦を経て，20世紀後半になって明確な子どもの権利宣言が存在するようになった。それは1959年11月20日に国際連合総会で全員一致で承認された。1989年には子どもの権利条約が採択された。それによって世界中の国々は，子どもたちに向き合う新しい仕方を育て，かつ広める原理的可能性を得たのである。ただしその原理的可能性の一般的受け入れと実際の現実の間には，ときに大きなギャップが存在することは事実である。

エレン・ケイが紹介し，その100年後に豊田ひさきがドイツの民衆学校史と日本の小学校史の実証的比較研究のなかで明らかにした[16]ように，わが国は子どもにたいする人道性にかかわっては，欧米に勝るとも劣らない歴史をもっている。しかし子どもの権利条約の意味において行動するすべての可能性が尽くされているわけではない。そのために，とりわけ年少の子どもの権利を理解しそして認めること，子どもたちが自分の権利の使い方を学ぶチャンスを与えること，さらには権利と必ず結びついている義務もまた決して忘れないことが大切である。

**問い** 作野小学校では，子どもの権利（および義務）について，どのように学ばれ，守られているだろうか。

## 2．子どもと失敗

教育者も生身の人間であり，理想的人間像の具現者ではない。またその必要はない。しかし優れた教育者にはある特徴が共通している。それは，子どもを人間として尊重する姿勢である。子どもはおとなに比べて未成熟であることは確かである。だからこそおとな以上に守られ，ケアされる必要もある。しかし子どもを，おとなとは違って，不完全な存在であるとは考えてはならない。子どもが不完全な存在であると思うおとなは，自分もまた不完全であることを知るべきである。コルチャックが「すべて涙は塩っぱいものです。そのことが分かっている人が，子どもたちを教育することができ」[17]ると述べているのは，その意味においてである。

子どもを不完全な存在であるとする考え方からは過保護，過干渉が生じる。不完

全幻想に取りつかれた教育者は，子どもたちが犯した誤りを暴き，正させるために奮闘する。それどころか子どもを悪から守るという名目で，絶えず予防措置をとる。

むしろ失敗を誉めよう。「失敗は発明の母」ということわざがある。おとななら，誰もが過去に何度か「わたしはロボットじゃないから失敗もするよ」という意味のことを述べたことがあるだろう。失敗は人間的である。

もちろん誤りを犯すこと自体を礼賛しているわけではない。成功体験の乏しさは豊かな人間性をもたらしはしない。むしろ学校（および家庭，社会）が教え込む共同体から学びの共同体に転換することを要求しているのである。学びの共同体は失敗を発達原理であると把握する。そこではどの子にも自分なりの思考，発見，検証が承認されるのである。「総合的学習の時間」は学校を学びの共同体に変えるチャンスを提供すると考える。

**提案** 作野小学校では子どもたちは人間として尊重され，失敗は発達原理であるとされているだろうか。考察しよう。

### 3．生活のための学び

エレン・ケイが1900年当時の学校にたいしてかなり批判的であったことは，たとえば次の文章からわかる。「何が今日の学校の結果であるか。曰く能力消耗，曰く神経衰弱，曰く創造性削減，曰く進取力麻痺」[18] しかしかの女は学校そのものを否定したのでない。それどころか100年後に実現されるべき「未来の学校」，すなわち「夢の学校」を対置した。その学校での子どもの学びについて，エレン・ケイは次のように述べている。

> 「そしてそこで，年少者は，何よりもまず，人生を観察し，人生を愛することを学ぶであろう。そしてかれら自身の力が，人生における最高価値のものであるとして，意識的に培養されるであろう」[19]

エレン・ケイのこの主張は，子どもの学びが学校のためでなく，生活のためにおこなわれることを要求している。決して学校を軽視しているわけではない。学校が何のために存在するのかを考えたいのである。学校のための学校でなく，子どもの生活（人生）のための学校であってこそ，学校は価値を発揮するのである。

**提案** そして100年後，生きる力を重視する教育課程をもつにいたったわが国の学校教育は，エレン・ケイの夢の学校にどこまで近づいているだろうか。また作野小学校の子どもたちは人生を観察し，人生を愛することを学んでいるか。

## 4．子どもと人間

　子どものために配慮しようとするとき，子どものことを真剣に受けとめねばならない。真剣に受けとめることは，すべての子どものためのさまざまな学びと生活の可能性を認めることから始まる。そして子どもたちの生活のなかでおこりうる病気や危機との付き合い，さらにしばしば孤独となる子どもへの支援もそうである。

　子どもは何より自分の問題を理解してほしい。子どもの問題を些細なものとして軽視してはならない。子どもにとっては，とても重大な問題なのである。おとなは子どもの話をしっかり聴くようにしたいものである。お説教でなく，聴くようにしよう。聴くことは，言うまでもなく人間的なコミュニケーションの重要な契機である。

　しかし現代のおとなは多忙すぎる。子どものための時間をみつけにくい。仮に経済的余裕があって，子どものために家庭教師を雇えるとしても，解決にはならない。子どもとともに本気で喜び，子どもを本気で怒ってくれる人間こそ求められるからである。仮に子ども自身が喜んでひとりでパソコン相手に何時間も過ごしているように思えても，その子は本当は人間を必要としている。子どもは同級生とともに，家庭でも，学校でも，地域でも自分を心から愛してくれるおとなを必要としている。孤独を避けるためだけではない。身体的・精神的荒廃を防止するためでもある。近代文明が生み出したどのような技術的可能性も，子どもを心から愛する人間にはかなわない。子どもが人間的に育つために必要なのは，人間的な人間なのである。

　**提案**　作野小学校の子どもたちは，自分たちの話を聴いてもらっているか。おとなによって愛されているか，考察しよう。

注
1）豊田ひさきは次のように述べている。「わが国の小学校教育の近代化の定着と発展は奇跡でもなんでもなかったのだ……発展の土台は幕末までに準備されていたのである」(『小学校教育の誕生』近代文藝社，1999年，151頁)
2）エレン・ケイ『児童の世紀』(原田実訳)，玉川大学出版部，1970年，145頁
3）同上，146頁
4）同上，145〜146頁(「外人」は差別的表現である)
5）ハイデガー『形而上学入門』(川原栄峰訳)平凡社，1994年，42頁
6）同上，43頁
7）さくらももこ『ももこの21世紀日記』幻冬舎，2002年，102頁
8）2001年10月29日に開催された研究発表会で配布された要綱の42頁

9) 同上要綱の43頁
10) プラトン『国家』(下)(藤沢令夫訳)岩波文庫2000年(第35刷),153頁以降
11) ヘーゲル『歴史哲学講義』(下)(長谷川宏訳)岩波文庫1994年,164頁(なおここで使用されている「盲目」という言葉はヘーゲルが使用した"blind"を直訳したものである。現代では,身障者にたいする偏見に由来する差別的用語として使用は避けるべきである)
12) 『フレーベル自伝』(長田新訳)岩波文庫1969年(第15刷),116頁
13) エレン・ケイ 前掲書
14) デューイ『学校と社会』(宮原誠一訳)岩波文庫1991年(第44刷),45頁
15) 同上,120頁
16) 具体的には次のような権利を考えている。暴力から守られる権利,たとえいかなる重度の障害をもっていたとしても人間的尊厳にふさわしく生活する権利,教育を受けそして学ぶ権利,意見表明権利等である。
17) コルチャック「誰が教育者になることができるか」A.フリットナー等編著『教育学的に見ること考えることへの入門』(石川道夫訳)玉川大学出版部,1994年,32頁(当作品でコルチャックは老若男女を問わず,誰もが些細なことで泣くことを明らかにしている)
18) エレン・ケイ 前掲書,243頁
19) 同上,244頁

## 人物紹介

**プラトン**(427-347B.C.):古代ギリシャの哲学者,主著『国家』『饗宴』等
**フレーベル**(1782-1852):ドイツの幼児教育者,主著『人間の教育』『自伝』等
**エレン・ケイ**(1849-1926):スエーデンの教育運動家,主著『児童の世紀』等
**デューイ**(1859-1952):アメリカの教育学者,主著『学校と社会』等
**モンテッソーリ**(1870-1952):イタリアの医者・教育者,1907年に「子どもの家」創設,主著『子どもの発見』等
**コルチャック**(1878-1942):子どもたちと共にナチスの強制収容所のガス室で亡くなったポーランドの医師で教育者
**ハイデガー**(1879-1976):ドイツの哲学者,主著『存在と時間』等
**豊田ひさき**(1944-):大阪市立大学,主著『明治期発問論の研究』(ミネルヴァ書房)等

【舩尾日出志】

# 第1章　作野小教育活動に取り組む

### 1．作野小　十大ニュース

　3月20日，平成13年度末親睦会で，コメントをはさみながら恒例の作野小十大ニュースが10位から順番に発表されていく。一人一人の職員が思い出をたどりながら，そのひとつひとつに歓声をあげたり，うなずいたりしながらこの1年間をにぎやかに振り返っていった。この手前味噌な十大ニュースは，その場にはあっているが，端からみるとうさん臭い。それを，あえて記載したのは，以後に述べることとかかわりがあるからである。

---
第1位　研究発表大成功
第2位　マーチングバンド　Sakuno Dramatic Dreams　全国大会　銀賞
第3位　かがくの広場　学校賞受賞　かがく大賞2点受賞
第4位　研究論文　多数入賞　県で最優秀　市で特選など
第5位　卒業式が対面式に　子どもにも　保護者にも大好評
第6位　子どもの授業に取り組む成果が明らかに　学力テストの結果から
第7位　5年生の子の記事が新聞に（学校ではブタ問題が）
第8位　少年の像が生まれ変わる
第9位　インフルエンザ大流行
第10位　ビデオデッキが各教室に

---

### 2．わたしに授業を

　年度当初，新任2年目の岡庭教諭が「ぜひ授業をやらせてください。勉強になりますから」という。授業者はまな板にのせられて，さんざん料理されるのが通例だから，奇特なことだ。そう思いつつ，研究主任である市川教諭の二言目である「研究授業は授業分析中心でおこないたい。お互いに授業のおもしろさ，楽しさを味わうものでありたい」ということばを思い出した。授業分析を

16　第1章　作野小教育活動に取り組む

p1-1　授業分析のグループ討議

　繰り返すうちに，たしかに，授業者に学ぶ機会が多いことがわかってくる。たとえば，抽出した子どもの活動や意識の移り変わりを詳細に分析してもらうことは，授業者にとって日ごろの授業を振り返るチャンスともいえる。

　研究発表の年であったが，例年通り授業分析に多くの時間をとり，全体授業や1人1研究授業でお互いを見つめ合う機会をつくった。きらめき学習（本校の総合的学習の時間の呼び名）における実践は第2章の「さまざまな場における学びの支援」をご覧いただきたい。

　なお，第2章は「4つの場」にわけて実践例をあげているので注釈を加えておきたい。本校では，学びの場を「熱中」「追究」「錬磨」「自己表出」の4つの場でとらえ，単元構想全体や一連の学習の流れに位置づけた。なお，4つの場は順番に並ぶのではなく，行きつもどりつするものである。4つの場を子どもが学ぶようすから，次のように位置づけている。

　熱中……直接体験や繰り返し体験の中で，喜び・驚き・疑問・気づきを通して自分の問題を発見する。
　追究……観察・実験・情報収集や活用から問題解決の視点や方法を考え，問題解決を進

> める。
> 錬磨……自他の発表・討論等の中で，自己の問題解決の方法や成果を問い直す。
> 自己表出……創造・表現・情報発信等を通して，問題解決の成果について自他に問う。

### 3．うさぎは どこにいるか調べたい

　理科主任の内田教諭が語る「かがく大賞」の顛末に，耳を傾けた。

　２年生の子どもたちが，夏休みの自由研究に「うさぎのことを調べたい」という。何を調べるのかとたずねると，「うさぎ小屋のどこにいるか調べたい」とのこと。飼育舎のかわいいうさぎのことが知りたいという子どもらしい思いつきに，内田教諭は困ってしまった。夏の暑い日盛りにじっとしているうさぎを思い浮かべて，研究は成立するのだろうか。それにもまして，２年生の子どもがどこまで調べることができるのだろう。そう思いつつも，「それなら，うさぎの背中にラベルをはって時間ごとにくぎりながら，１日がかりで調べてみなさい」と助言した。

　子どもたちは，一日中，飼育舎の前にすわり，うさぎたちの動きを追い続けた。夕方，どんなことがわかったかをたずねると，無作為とも思われるうさぎたちの軌跡に，「よくわからない」とこたえる子どもたち。よくよくたずねると，日かげ用のヨシズがあるところとないところでうさぎの数にちがいがありそうだということが子どもたちにわかってきた。それなら，ヨシズを広げて日かげの部分をたくさんつくって調べてみようということになった。子どもたちは，暑いからきっとうさぎは日かげで涼むだろう，太陽の傾きに応じてうさぎは移動するだろうと予想した。しかし，その予想をくつがえす結果を得ることになった。うさぎの居場所は，強い警戒心とも関係していることがわかってきたのである。

　子どもたちにとって，それは自分たちが見つけた新たな発見であった。内田教諭は困惑しながらも，子どもの意識の流れを大事にし，的確なアドバイスをして，子どもたちに科学の芽を育て，追究する喜びと根気強さ，さらに生命あるものに愛しみの心をもたせる機会を与えたのである。

本校は「10の学びの力」を定め、「子どもが創り出す学び」の育成に力を入れている。また、きらめき学習では修正を重ねながら長時間にわたる単元構想を設定している。これらは、子どもの思いを大事にしながら、子どもの意識に寄りそおうとする姿勢が形となったものである。

## 4．あえて言おう　受賞ぎらい

養護教諭の井上教諭は「授業を一緒にやりましょう」というとにこっとする。一昨年、野田教諭とTTを組んだ「いのち」の授業では、家族がドナーであった体験を子どもたちに語り、自作の教材で訴えた。「いのち」を身近なものとして意識した子どもたちは、ディベートで追究を深めていった。このような授業の成立をめざす実践は、「第3章　学びを支える地道な努力」に紹介している。「いのち」の実践をまとめた論文が受賞したとき、「おめでとう」というとやめてくださいという言葉が返ってきた。励みにはなるが、本来の保健活動が評価されたことで十分であり、おおげさにしないでほしいと思っているのだろう。

今年から地域の方と山本教諭を中心とする職員が手を組んで指導にあたったマーチングバンド、市川教諭の新聞記事を教材とするNIEなどは、「第4章　特徴ある教育活動の成果」をご覧いただきたい。たとえ受賞しても、受賞そのものに力点がおかれるような評価には、当惑気味になる。

p1-2　もうすぐ　大会（マーチングバンド）

p1-3　新聞記事の整理を（NIE）

求めるものは受賞ではなく，子どもたちの成長（生きる力の育成）だからである。教育活動に取り組む作野小職員へのほめ言葉は，受賞にかかわりなく「この実践は，子どもたちに還元されますね」であろうか。　　　【早川一雄】

# 第2章　さまざまな場における学び支援

## 第1節　熱中の場

### 例1　梅の実をみつけたよ【1年生】

#### 1．青い実を発見

本校は，比較的自然に恵まれている。5月，子どもたちは学校の自然を探検した。校内の21世紀の森やどうだんの森などに入り，虫や樹木，その実，草花の観察を一生懸命おこなった。子どもたちは，ワークシートを持って，見つけたものの絵を描き，名前，場所を記録した。名前がわからないときは，友だちあるいは先生に尋ねた。木の名前については，子どもたちがすぐわかるように，樹名板をかけて整備してある。

p 2-1-1　梅の実取りをする子ども

　子どもたちは自然探検が始まると，草花や昆虫をみつけて，歓声をあげていた。そのとき，たわわに実った青い実をみつけた子どもが「青い実がたくさんついているよ」「何の実かな」と声をあげた。21世紀の森には，梅並木があり，数種類の梅の木が植えられている。ちょうど，探検のときにたくさんの梅の実がついていたのである。教室に戻り，自然探検のまとめをおこなった。子どもたちが発見したことを模造紙にまとめた。

第2章　さまざまな場における学び支援

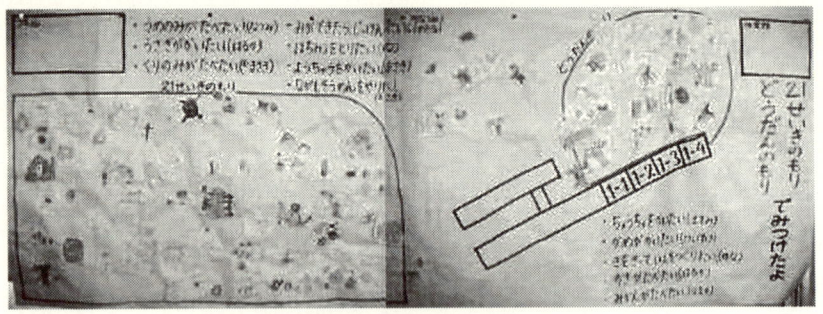

p 2-1-2　模造紙にまとめた自然探検の記録

○たくさんの木があったよ。（ウメ・アンズ・マツ・モミジなど）
○いろいろな虫がいたよ（ダンゴムシ・テントウムシ・カミキリムシ・アメンボなど）
○木の実がたくさんあったよ（ウメ・アンズ・モモ・ユスラ・クワなど）
○いろいろな草があったよ（シロツメクサ・ササ・カラスノエンドウなど）
○いろいろな草花があったよ（シロツメクサ・タンポポ・アサガオなど）

「21世紀の森」は，「さくのが丘」と呼ばれる起伏にとんだ遊び場にある。自然の草花をそのままの状態で残しているため，草花が生い茂り，昆虫も数多く生息している。ウメ・ミカン・アンズ・クリ・カリンなど，実のなる木もたくさん植えられている。

### 2．どうやって食べようか

自然探検を模造紙にまとめた子どもたちは，青い梅の実をどうしたら食べることができるのか考えた。「梅干しにすると食べることができるよ」という声があがった。「梅干しはどうやって作るの」と問い返すと，答えが返ってこなかった。そこで，家族に聞いたり，本などを使っ

p 2-1-3　梅ジャムを作る子ども

たりして，梅の実の食べ方を調べることにした。子どもたちは，「梅干し，梅ジュース，梅ジャム，梅酒」などを調べてきた。また，「私の家に梅の木があるよ」「篠目の調整池に，梅の木があるよ」と家の人に聞いたことを教えてくれた子もいた。町内会にお願いをして，1年生全員で，梅の実取りに行った。

### 3．梅ジュースを作ろう

青い実は，1人1びんで梅ジュースを作ることにした。保護者にも関心をもってもらうとともに，手軽にジュース作りができることを広めるために，スクールオープンデーを利用して，保護者と一緒に梅ジュースを作った。梅ジュースは，ビンに，梅の青い実と氷砂糖を入れるだけなので，とても簡単である。

### 4．梅ジャムを作ろう

黄色く熟した梅の実は，梅ジャムにすることにした。梅ジャムは，種を取り，砂糖を入れて煮詰める。黄色く熟した梅の実は，桃のような甘い香りを発する。煮詰めているときには，教室中にその甘い香りが広がった。梅ジャム作りの後「梅ジャムをつくるとき，もものようなにおいがしたよ。とてもいいにおいだったので，はやくたべたかったよ」という感想を書いていた。子どもたちは，梅干しがしょっぱいので，梅ジャムもそれに近い味を想像していた。そのため，梅の甘い香りに，大変驚いていた。

### 5．梅干しを作ろう

6月に入り，21世紀の森の梅の実が黄色く色づいてきた。いよいよ梅干し作りを始める。梅干し作りは，塩漬け，しそもみ，土用干しなど，いくつかの段階がある。

塩漬けでは，梅の実が，たくさんの塩に覆われていくのを見て，「こんなにたくさん塩を入れるの」と不安な様子だった。数日後，塩漬けされたつぼを開けてみると，梅酢があがっていた。汁のなかったつぼの中に，汁ができていたので，びっくりしていた。

しそもみでは，紫色だった赤じその葉が，塩と一緒にもむことで，真っ赤な葉になることに驚いていた。真っ赤になったしその葉をつぼに入れた。

p 2-1-4 梅干しをつけている子ども

このように，子どもにとって，初めて目のあたりにするできごとが多く，長い過程だが，興味をもって活動を続けることができた。

### 6. 梅の実を取らないで

「先生，こんなに梅の実が落ちていたよ」ある日，子どもがたくさんの梅の実を持ち帰ってきた。大きくなってきた梅の実に興味をひかれて，取る子や投げて遊ぶ子がいた。「このままじゃ，梅の実がなくなっちゃうよ」と観察を続けている梅の実の生育を心配していた。どうしたいいか考えたところ「学校のみんなに『梅の実を取らないで』ってお願いしようよ」という意見が出た。そこで，毎週木曜日の朝におこなわれる児童集会で，全校に呼びかけをすることにした。全校児童の前で，話をすることは，初めてだったが，練習をして本番に臨んだ。それ以降，子どもたちの気持ちが全校児童に届いたようで，梅の実が落ちていることは少なくなった。

### 7. 家でも作ったよ

子どもたちは，梅の実はいろいろな方法で，簡単においしく食べることができることがわかった。そして，「家でも梅ジュース作ったよ」「お父さんが梅干

し作っているんだよ」と，子どもたちはうれしそうにいろいろな体験を報告していた。

**コメント** 梅を食べたいと思った子どもたちは，梅を食べる方法を知らなかった。しかし，「梅を食べたい」という願いから，自分で梅を食べる方法を調べ始めた。強い願いをもてる体験活動をきっかけに，問題解決学習を進めることができた。こうして，梅を使った食べ物作りを通して，さまざまな活動をおこなった。子どもたちは，身近にある自然のものから，食べ物を作ることができることを知った。

【長友欽哉】

## 例2　ドングリいろいろ大変身【1年生】

### 1．21世紀の森を生かして

校内に実のなる木をたくさん集めた「21世紀の森」がある。ミカンやカリン，ドングリの木などが植えられている。春から夏にかけて虫を探し，草花遊びをした。子どもたちはこの森が大好きである。生活科の時間はもちろんのこと，休み時間になると子どもたちは「21世紀の森へ行こう」と誘いあう。

秋になり，虫の様子の変化や木の実に気づいた子どもたち。初夏には梅の実をとり，梅ジュースを作り梅干しを漬け，そして味わった。子どもは食べられそうなものには敏感である。ドングリを見つけ，「ドングリって食べられないのかな」「食べてみたいな」という子どもたち。

近くの中学校にドングリがいっぱい落ちているという話を聞き，みんなで拾いに出かけた。袋いっぱいにドングリやトチの実を拾うことができた。

「食べてみたい」のほかに，ドングリで「いろいろな動物を作りたい」「飾りを作りたい」「コマを作りたい」「まとあてをしたい」などの意見が出てきた。

### 2．ドングリ料理

まずドングリは食べることができるのかについて考えた。

「幼稚園のとき，シイの実を食べたよ」「このドングリは食べられるのかな」

「焼いたら食べられるんじゃないかな」子どもたちの期待は高まった。

そこでドングリに関する本を何冊か紹介した。ドングリはシイやカシ，ナラ類などの木の実の総称であり，いろいろな種類があること，多くのドングリが食べられること，ドングリの種類によってあく抜きの仕方が違うことがわかった。

「やっぱり食べられるんだね」「食べてみたい！」と言う声に，子どもたちは賛成した。

「どうやって食べるとおいしいかな」という問いに，「醤油をつける」「塩をふる」「砂糖をつける」と，単純な食べ方に意見が集中した。その後，紹介した本にドングリ団子の作り方が載っているのを見つけた子どもが，「わたしはお団子にして食べたいな」と発言した。すると，「絶対クッキーがいい」「おせんべいもおいしそう」「ケーキにしたい」と，少し工夫した食べ方に目を向ける子どもが出てきた。そして「いろいろたくさん食べてみたい」と，いう子どもたちの気持ちが高まってきた。

そこで，集めたドングリの中から，たくさんとれたマテバシイをドングリ団子，ドングリクッキー，ドングリ煎餅にして食べようということになった。まず殻を取る作業から始めた。かなづちで殻を割っておき，手で殻を取り除いた。グループに分かれて作業をしたところ，思ったより多くの殻を取ることができた。この段階でこっそりつまみ食いする子も数人いたようである。生で渋いため，たくさん食べる子はいなかったが。

次に殻を取ったドングリを水につけて煮て，あくをぬく作業をした。何度も水を換えて煮るのだが，まだまだ茶色くなる水に驚いた。このときほとんどの渋皮が取れてくるので，水を換えながら浮いてきた渋皮をいっしょに捨てる。「この

p 2-1-5　ドングリ料理

茶色の皮が渋いんだよ」とつまみ食いをした子どもがつぶやいた。

　あくぬきをして渋みの抜けたドングリをミキサーにかけて粉々にした。その粉に砂糖，卵，バター，小麦粉を混ぜるとクッキーの生地，白玉粉と混ぜてよくこねると団子の生地，砂糖と卵を混ぜると煎餅の生地ができあがった。後はそれぞれ形を整えて，クッキーはオーブンで焼き，煎餅はホットプレートで焼き，団子は鍋で茹でればできあがりである。同時に3種類の料理ができるか心配もあったが，1年生の子どもたちなりに協力して手際よく作っていた。

### 3．木の葉や木の実を使った工作

　21世紀の森の木の葉や実，中学校で拾ってきたドングリを使って，工作にも取り組んだ。わたしが工作の参考になる本を紹介した後に，どんなものが作りたいか考えるためと，必要なものを子どもたちが準備するための時間をとった。

　段ボールを丸く切って土台にし，木の葉や木の実を飾りにしたリースを作った子。段ボールを四角く切って重ね，同じように飾り付けをして写真立てを作った子。木の実と葉を上手に組み合わせて昆虫や動物を作った子。ドングリにつまようじをさして鳥や馬を作った子。どんぐりに糸をつけてペンダントにしたり，ピンを付けてブローチにしたりした子。「ようじをつけたら足になったよ」「あはは，へんな顔になっちゃった」「見て見て！きれいな飾りをつけたよ」と楽しそうな声が聞こえた。

### 4．どんぐりごま

　単純だがおもしろいのがこま遊びではないだろうか。作るときに，棒をさす穴を空けるのが思ったより難しい。穴あけのための道具がいろいろある。確実なのは市販の穴あけ機だが，時間がかかる。画鋲で小さな穴をあけておき，キリ

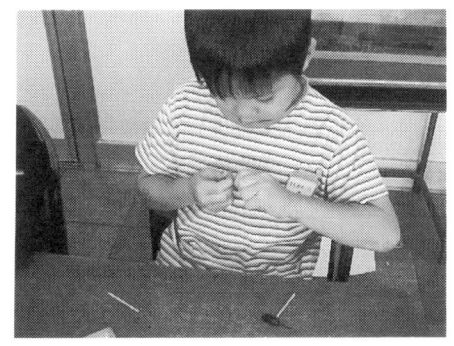

p 2-1-6

で広げる方法をとった。1時間でなんとか全員こまを作り，まわすことができた。

ドングリの種類や形，まわす棒の長さによってまわり具合が変わってくる。どうしたらこまがよくまわるのかを考えながら作るというおもしろさがある。どちらがよくまわるか，だれがいちばん長い時間まわせるか挑戦すると盛り上がった。

### 5．しおり作り

21世紀の森で見つけたきれいな葉を，とっておきたいと言う子がいた。そのまま本にはさんでおいても，折れたり切れてしまったりすることが多い。そこでラミネートにすることにした。1人ずつ気に入った葉を数枚好きなようにラミネート用シートにはさんで機械に通した。葉柄の厚いものは機械を通らないので，なるべく平らな葉を選んだ。厚い部分だけカッターなどで薄くそいでもいいだろう。イチョウやモミジが特にきれいに仕上がった。一緒に色紙をはさんだり，穴をあけてリボンを通したりしてもきれいである。

### 6．木の葉のこすりだし

木の葉を直接とっておけるわけではないが，形をとっておける方法として，こすりだしをやってみた。好きな葉を薄い紙の下に敷き，上から色鉛筆などでこすっていくのである。葉の種類によっては葉脈まできれいに浮き出てくる。葉を組み合わせて模様を作る子もいた。「もっとやりたい」という子が多かった。

### 7．秋の絵

木の葉や実，草だけで絵を描くことに挑戦した。木工用ボンドで画用紙につけていった。ドングリを並べて人の顔や動物を作ったり，木の葉と実を組み合わせて花や家を描いたり，プラタナスの実を押しつけて色がついたのでスタンプにしたり，それぞれ自由な発想で取り組んでいた。ドングリを人形に見立てて画用紙の中にお話の世界を表現した子もいた。子どもたちの個性がよく出た作品となった。

 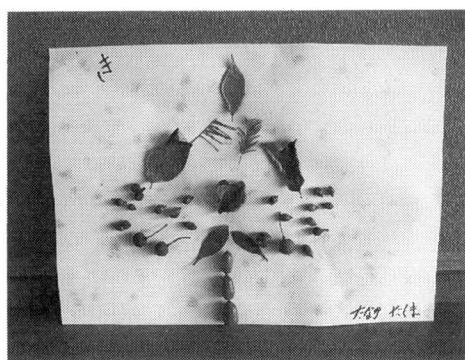

p 2-1-7

**コメント**　ドングリ拾いに行き，予想以上にドングリがたくさんとれた。そのため子どもたちは大喜びし，いろいろなことをやってみたいという思いをふくらませていくことができた。

　ドングリについて調べるとき，わたしが本を紹介した。その後，興味をもった子どもが，家の人と一緒にインターネットで調べてきたので，学級で紹介した。それにより，子どもたちにとって，調べる方法がひとつ増えた。1年生の子どもたちだけで調べることはできなかったが，調べる方法を学んでいくことで，学年が上がっていけば自分たちで調べていくことができるだろう。

　しおり作りや木の葉のこすりだしは，簡単できれいにできるので，子どもたちはとても喜び，夢中になっていた。自然とふれあい，身近に感じる手段として有効だった。

　21世紀の森をもとにした活動が広がったのは，そこに実のなる木がたくさん植えられているからである。また，特に低学年では，何度でも安心して行くことのできる所に体験の場があることが必要である。学びの場（環境）を整えることの大切さを感じた。

【恒川麻子】

## 例3　ダイズを変身させよう【2年生】

### 1．きなこづくり

　きなこは，ダイズを炒って，ミルや石臼でひくとできあがる。今回は，ダイズをひくための道具として，手動のミル，電動のミル，石臼と3種類用意し，子どもたちが希望する道具を使ってひけるようにグループ分けをした。その結果，手動ミル20名，石臼12名，電動ミル7名という内訳になった。

　わたしの説明が終わると，子どもたちは，一斉に道具の周りに集まり，作り始めた。「ごりごり音がするよ」と手動のミルに耳を近づける子どもがいた。電動のミルを使っている子は，「すげえ」「どんどんきなこになっていくよ」と，ミルを手で押さえていた。石臼のところでは，石臼上部の穴にダイズを入れている子がいた。入れたダイズの数は3個。わたしが「もう少し多く入れてみたらどう」と声をかけると「少しずつやりたいんだ。3人で順番に」と言った。男の子3人のグループだった。3人は，「おもしろそうだから」という理由で石臼を選んでいた。回し始めると，「はじめは回すのが，重たくて大変だったのに，どんどん軽くなってくるくる回るよ」と勢いよく回した。初めて体験するきなこ作りだった。きなこ作りとあわせて，市販のきなこを食べる活動も取り入れ，自分の作ったきなこと食べ比べる活動もおこなった。

p 2-1-8　きなこがたくさんできたよ

### 2．きなこの秘密を発表

　その後，「きなこ大発見カード」を使って自分たちのみつけた「きなこの秘密」を発表した。「自分たちで作ったものには，からがあったよ」「電動ミルで作ったきなこは，からなんてなかったよ」「お店で売っているきなこと電動ミルで作ったきなこは似ていたよ」

「でも，味はちがったよ」「手作りのきなこは，ダイズの味だったよ」「手で触ったら，さらさらしてた」と多くの発表が出た。話し合いのなかでは，気づいたことだけでなく，疑問も多く出た。特に「自分で作ったきなこには，からがあるのにどうして売っているきなこは，からがないの」という疑問がもっとも代表的なものだった。

きなこづくりの体験から，「ダイズから作られるものをもっと作りたい」という子どもたちの要求に答えて，豆腐づくりに挑戦した。この活動を始める前に今まで疑問に思っていたことや確かめたいことを確認し，目的をもって活動に取り組めるようにした(m 2-1-1)。

m 2-1-1 豆腐作りの疑問

> ○ダイズの色は，どうして変わっちゃうのかな。(真由美)
> ○どうやって白くなるのかな。どうやって固まるのかな。(浩幸)
> ○いつやわらかくなるのかな。(修司)

### 3．豆乳・おからづくり

はじめの豆乳・おからづくりは日常の生活班でおこなった。自分の分担をあらかじめ班で相談して決めておいた。また，この豆乳・おからづくりでは火を使って調理する場面が多い。そこで，家庭科室を利用し，保護者に教育ボランティアとして協力をしてもらった。

水につけてあったダイズを見て，「うわあ，でっかい」「ダイズってこんなに大きくなるんだ」と驚く子どももいた。今まで知識として知っていたことを初めて目のあたりにしたのである。次にこのダイズをザルにあげた。その後，ミキサーで次々にダイズを砕いていった。

ミキサーで砕かれるダイズをみて「白くなったよ」「どんどんふくれてくる。すごい」と気づいたことを声に出す子どもがいた。ミキサーで全部のダイズを砕き終わるといよいよなべに移して火にかける作業である。この時点では，もうダイズのおもかげはない。

火をつけて，かき混ぜ始めた。「熱い」「くさいなあ」と家庭科室のいろいろ

p 2-1-9 おいしい豆腐になあれ

なところから，不満の声が聞こえてくる。しかし，わたしが「中のダイズの様子はどうかな」と子どもたちに声をかけていくと，「ダイズを混ぜると白くなったよ」「すごくあわがでるからあふれちゃいそうだ」「どろどろしているよ」「ボコボコ音がするよ」などと笑顔で答えていた。

　最後に，おからと豆乳を分ける作業に入った。ここは，教育ボランティアの出番だ。子どもたちが火にかけてあったものを布の袋に移した。この布の袋を熱いうちに絞り，豆乳をとり出してもらった。「がんばって」「豆乳が出てきたよ」との子どもたちの声に「もう少し豆乳がとれるかしら」「もう少し待ってね」と額に汗を光らせながらボランティアは答えた。豆乳を絞り終わって，みんなで豆乳を飲んだ。「ドングリのにおいがするよ」「まずい」と言いながらも，全員飲み干した。

### 4．豆腐づくり

　先に作った豆乳を使って，教室で豆腐づくりに挑戦した。わたしがみんなの前で豆乳をガスコンロで温めると，「いいにおいがする」と鼻をひくひくさせる子がいた。豆乳の温度が80℃まで上がると，豆乳を子どもたちに配り，そこへにがりを入れてかき混ぜた。配ってから2分もすると木じゃくしをおいて，豆乳をじっと見つめる子が増えてきた。そこでわたしは「豆腐が固まるのを待っている間に，カードにできあがるまでの気持ちを書いておきましょう」と言った。子どもたちはカードに書きこみはじめた。しかし，どの子の視線も，器の中の豆乳に注がれているようだった。

　わたしが各班に行き，「もう固まってきたよ。見てごらん」と器を傾けながら話しかけると「ほんと」と子どもたちの目が輝くのがわかった。「固まった」

と言われてすぐ食べはじめた班もあれば,「もう少し待ってみる。もっと固まるかもしれないし」と我慢している班もあった。とにかく「豆腐」として固まったグループから,どんどん食べはじめた。作る前には「ぼくは,豆腐が嫌いだから作りたくないし,食べたくない」と言っていた子が,「何杯もおかわりしていいの」と聞きに来た。食べている班の子は「おいしい」「醬油取って」「ぷるぷるしているよ」と言いながら,口にほおばっていた。

p 2-1-10 はやく固まらないかな

しかし豆乳の温度が下がってしまったらしく,なかなか豆腐として固まらないでいた班もあった。その班は最後まで待っていたが,結局しっかりとは固まらず,「べとべとしてる」「にがりをこぼしちゃったからかな」と残念そうだった。

### 5．豆腐づくりの発見を発表

きなこづくりの場合と同様に豆腐づくりで発見したことを発表した。わたしが「豆腐づくりで発見したことは何ですか」と問いかけると,一斉に多くの子が挙手した。「手で触ったら,ぷよぷよしていた」「目で見たら,ぶつぶつしていたよ」「固まらなくて,ドロドロだったけど,豆腐の味がしたよ」「味は,あまりなかったよ。醬油をかけるとおいしかったよ」。また,疑問に思ったことは,「どうしてほかっとくと(にがりを入れてからそのままにしておくと)固まるのかな」「にがりを入れるとなんで固まるのかな」というのがあった。

**コメント** 子どもたちは驚き,感動していた。しかし,子どもたちが驚き,感動していたことの多くは,すでに知識としてもっていたものばかりだった。実際に五感を活用してさまざまな体験をすることによって,すでに得ていた知識が,体験を通して,子どもたちにとって本物の「知識」として根づいたのである。本物の知

識を得ることにより，子どもは自信をもつことができた。　　　　　　　　【岡庭智美】

## 例4　箏に親しむ【6年生】

　修学旅行から始まった6年生のきらめき学習「日本らしさを探る」。日本文化のひとつである着物の文化を調べていくうちに，日本人の作法（マナー）の根底にある思いやりに気づいた子どもたち。文化は人の心から生まれ，受け継がれることを知る。

　そんなおり，琴の指導者，Nさんを紹介された。わたしは6年生の音楽を受け持っているのだが，6年生の音楽には「日本の節に親しみ，その雰囲気を感じ取ろう」という活動がある。きらめき学習と関連させながら，琴を通して，日本の音楽文化を知るよい機会だと考えた。

　Nさんのことを「琴」の指導者と最初に書いたが，正式には「箏」というのが本当で，琴柱（弦を支える柱）があるかないかで箏と琴を使い分けるのだそうだ。Nさんは，同じ安城市内の中学校で社会人講師として選択音楽の授業における箏曲の実技指導をなさっている。子どもたちに箏をはじめとする日本の楽器や日本の音楽のよさを知ってもらえたらと，日ごろから熱心に活動していらっしゃる方だ。

　Nさんと連絡を取り合い，授業の打ち合わせをはじめた。Nさんの熱心さには感銘を受けた。どのような曲を演奏したら，箏の良さが子どもたちに伝わるのか，箏についてどんな話をしたら子どもたちが喜ぶのか。Nさんの真剣さが伝わってきた。わたしも，6年生が今まで学んできたきらめき学習のこと，音楽の授業のこと，そしてこの体験学習で子どもたちに何を感じ取って欲しいのかを伝えた。

　わたしが，Nさんにお願いしたのは2つ。ひとつは日本の伝統的な楽器である箏の指導にどのような思いで携わっていらっしゃったのかを子どもたちに伝えて欲しいこと。もうひとつは子どもたちが本物にじかに触れる機会をつくっ

てほしいことである。

　２つめのお願いについて，Ｎさんは「６年生 87 名全員が簡単な曲を箏で演奏できるようにしたい」とおっしゃってくださった。子どもたちが演奏する曲は「さくらさくら」の始めの６小節（♪さくらさくら　のやまもさとも　みわたすかぎり）に決まった。限られた時間で全員が演奏するのである。大変なことだが，子どもたちにとっては貴重な経験になった。

　音楽の授業では，箏の体験学習に意欲的に臨めるように，前もって宮城道雄の代表作「春の海」を聞いた。琴（箏）が中国から伝わったものであること，現在よく使われているのは 13 弦の箏であること，箏と琴の違いなど，箏について音楽ワークや印刷資料を使って調べておいた。

　６月 29 日，２時間目と３時間目を使い，視聴覚教室において６年生全員の体験学習「箏に親しむ」を実施した。

　講師は，Ｎさんとそのお弟子さん３人の計４人。運び込まれた箏は 10 面。すぐに演奏に使われる箏が前に５面置かれている。後の曲で使う予定の箏５面は，後ろの黒板に立て掛けてある。曲に合わせてチューニングを変えてあるのだ。大きな箏がこれだけたくさん並んでいるだけでも圧巻である。

　中に１面，中央においてある特別大きな箏が目をひく。「箏は長くて大きかった。特別大きくて太いのもあって，いろんな種類があるんだなあと思った」「ぼくは，箏はもっと小さいという印象だったけど，結構大きかった」と，子どもたちも後で感想に書いている。

　まずは，講師による「さくらさくら」の演奏から始まった。４面の箏が奏でる音楽はすごい迫力だ。それを間近で聴く子どもたちは，じっと演奏者をみつめている。演奏者は全員半そでを着ているので，その腕の力の入り具合がよくわかる。ビーンビーンと響く箏の音が直接体に伝わってくる感じだ。

　１曲目が終わると，話を聞く時間になった。質問もどんどん出される。「演奏するのに力がいりますか」「箏は何の木でできているのですか」「値段はいくらぐらいですか」「その大きな箏は他のと，どう違うのですか」次々と手が挙

がって質問が出される。Nさんは，子どもたちの質問に，にこにこ顔で答える。「箏って本当に力がいるのよ。ほら，こんな力こぶができちゃって……」「なんの木でできているのかな。あてみて。お母さんやおばあちゃんのたんすに使われている木といっしょだけどな」「箏は高いのよ。ン十万とか，……もっと高いのもある」（えーっ，そんなに）「真ん中の箏は，ひとつだけおっきいでしょ。弦も他のは13本なんだけど17本あるんだよ。これはベースの役割をしてくれるの。他の箏より低い音が出る。この箏があるかないかでは曲がぜんぜん違ってきてしまうのよ」。

美智子は特にたくさんの質問をした。「先生の箏の一番端っこの布のところ……そこはなんですか」「ああ，これはね……」。

美智子が質問した部分は龍舌といわれる部分だった。繊細な彫刻などが施されているので布のカバーがしてあるのだという。Nさんは，カバーをとって細かな彫刻をみせてくれた。この話から，箏の各部分の名前に「龍」が使われていることに話が及ぶ。箏を龍の体に例えることで名前がつけられているのだという。「箏に龍の体の名前がついているなんて面白い」「中国からきた楽器だから，守り神である龍の名前がついている」。

この楽器ひとつからも日本の国と外国との古くからのつながりがみえる。

「爪は何でできているのですか」美智子はまた質問する。「この爪はね，象牙，象の牙でできているのよ」「いくらぐらいするのですか」「んー，高い。3つ1組で3,000円くらい」。

この後，「六段」（箏と三味線による箏曲，八橋検校作といわれる）を演奏してもらった。三味線も本物を見るのはほとんどの子が初めてである。三味線の皮が猫の皮でできていることや，ばちに亀の甲

p 2-1-11　17弦の箏は特に大きい

羅や箏の爪と同じ象牙が使われていることは子どもたちの印象に残ったようだ。「象牙とか猫の皮とか亀の甲羅を使っているなんてびっくりした」「琴の爪が象牙でできているのがわかってびっくりした。こと柱も象牙でできていて，25万円ぐらいすると言っていた。高いなあと思った」「日本の楽器には動物とか木とか自然のものが使われている。だから高いのかと思う」。

p 2-1-12　上手に弾けるかな

　楽器が何でできているのかに興味を示していた美智子だが「日本の楽器は，動物の毛皮や牙，亀の甲羅とかがいっぱい使ってある。少しかわいそうな気がする」と後で書いている。

　滝廉太郎の「花」「箱根八里」などを箏に合わせて歌ったりした後，休憩をはさんで，それぞれが箏を演奏させてもらえる時間になった。

　4台の箏に1人ずつ講師がついて指導してもらえた。「さくらさくら」を箏の楽譜にそって6小節目まで演奏するのだ。順番を待つ間，Nさんが用意してくれたいろいろなサイズの爪の中から自分の指に合ったものを探し，指をおしぼりで湿らせた後，親指につける。本当は3本の指につけるのだが，この日は親指1本だけ。子どもたちは象牙の爪を少し不安げに，それでも待ちきれないように，指にはめて動かしてみる。

　自分の番になると，座る向きや背筋の伸ばし方などを注意されつつ，おっかなびっくり弦をはじく。「はじめは緊張していたけど，わかりやすく説明してもらえたので思ったよりうまく弾けた。おもしろかった」「いい音が出てるって言われたからよかった。親指がどうしても曲がってしまった。講師の先生が優しく教えてくれたからよかった」「最初で最後かもしれない貴重な経験ができたと思う」。

87名という大人数だったが、4人の講師のおかげでなんとか全員が「さくらさくら」の演奏をすることができた。子どもたちは大喜びで教室に帰っていった。「また箏を弾いてみたい」「もっとやりたかった。さくらさくらの続きをやりたい」と興奮気味だった。

　**コメント**　今回の授業は社会人講師の惜しみない善意があってこそ成立したものだった。地域のため、子どもたちのため、協力してくれるこのような人材を発掘することがこれからのきらめき学習にも不可欠になってくる。本物だけが持つ迫力を学校教育に取り入れていけるよう、私たち教師は、そのアンテナの感度を鈍らせてはいけないと改めて思った。

　この体験学習の後、日本文化の継承に力を注がれているN先生の思いに触れる機会をもう少し持ちたいと思ったのだが、なかなか時間を確保することができなかった。もう少し余裕をもって取り組めば、子どもたちが日本の音楽文化にどっぷりと浸れる時間をとれたのではないかと悔やまれた。　　　　　　　【河合和代】

## 第2節　追究の場

### 例5　ダイズ博士との出会い【2年生】

　さまざまな食べ物の材料となるダイズの学びにおいては，広がりのある活動ができる。その考えにもとづいて，子どもたちにダイズを育てようと提案した。上級生が育てたダイズをもらっていた子どもたちは賛成した。単元「変身名人ダイズくん」のスタートである。6月に，一人一人が自分の植木鉢にダイズをまき，観察しやすいように身近に置いた。また，たくさんのダイズを収穫したいので，学校の畑にもダイズを栽培した。そして，9月初め，子どもたちは自分の鉢のダイズを観察すると，植木鉢のダイズは丈が短く，葉っぱは黄色くなり，どんどん落ちてしまっていることに気づいた。子どもたちは，こんなに水をやってるのにどうして育ちが悪いんだろうと疑問をもった。さらに，学校の畑のダイズと比較して，どうして畑のダイズと長さが違うんだろう，なぜ葉っぱの量が違うのかなという疑問もまたもつようになったのである。

　この小学校区では，ダイズを広く栽培している農家も少なくない。そこで，ダイズを育てている農家の人にダイズ博士として登場を願った。そのダイズ畑は，学校から徒歩で20分程のところにある。ダイズ畑の見学の日，ダイズ博士はにこやかに子どもたちを迎えいれた。そして，運動場ぐらいの広さのダイズ畑を目の前にして和やかな雰囲気で説明を始めた。子どもたちは，ダイズをまいた時期，世話の仕方，機械で世話をすること，ダイズを収穫するめやす，ダイズの特徴などについて説明を聞くことができた。メモカードには子どもなりにとらえたことが書かれていた。「エダマメの植木鉢は深くないので，あまり育たない。畑は深いので育つ」「ダイズの収穫はエダマメがかれてからでないと収穫できない。葉っぱが落ちてから」「ダイズには，タンパク質が多く含まれる」など。

**コメント** 一人一人の植木鉢のダイズは，種まきや出芽，双葉や本葉のようす，茎のようすなどが間近に観察でき，ダイズの栽培に熱中していた。しかし，花が咲くころになると，水をかけても葉が落ちていってしまい，子どもたちの意欲が低下し始めてきた。ダイズ博士に話をしていただくことにより，植木鉢と畑の育ち方との違いの理由を明らかにすることができた。子どもたちは疑問が解けたことや収穫のめやすを知ることで興味がまたわいてきて，ダイズの栽培に熱中することが持続できた。また，ダイズには栄養があることを知り，食べることへも活動を広げるというきっかけになったのである。

p 2-2-1 ダイズ博士の話，畑の見学

m 2-2-1 ダイズ博士のお話メモカード

第2節　追究の場

　ダイズ博士の話を聞いて、子どもたちは「ダイズ博士は、ダイズのことを何でも知っているなと思いました」「さすがは、ダイズ博士だ。（ダイズ博士の畑のダイズと）植木鉢のとは、全然違う」「こんな広い畑は見たことありません。植木鉢が狭いから、のびないんだな。難しいのかな」とわかったことを発表した。

　コメント　子どもたちは、ダイズ博士にダイズについて説明を受け、疑問に答えてもらえ、さすがはダイズ博士だという感想をもった。実際に、ダイズ畑を目のあたりにしながらであったので、植木鉢栽培との違いがわかりやすかった。

　11月下旬、再びダイズ博士の畑を見学したとき、9月との違いが一目瞭然であった。子どもたちのはっけんカードにもあるように、「前行った畑は、緑いっぱいだったのに、今日は茶色が多く緑も少しあった」「9月と全然違ってかりかりだった」「臭いは、土の臭い」など、色や臭い、手触りなど五感を通しての違いを感じることができた。

m 2-2-2　はっけんカード

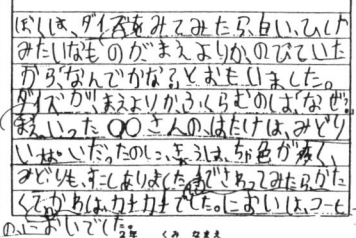

　ダイズ博士は、「全部茶色になったら収穫するんだよ。収穫したダイズは農協に出して、ダイズの種として売られるんだよ」と、子どもたちに話した。

m 2-2-3 ダイズ博士へのお礼の手紙

「ぼくたちがまいた種もダイズ博士の種かもしれないなあ」と，うれしそうにつぶやいている子どもがいた。

9月と11月の2度にわたり，ダイズ博士の畑見学とダイズ博士の話を聞く会を設けることによって学んだことはたくさんあった。わからないことを調べる方法はいろいろある。しかし，2年生にとっては，人に実際の活動の場で聞くことが効果的である。お礼の手紙のなかに，「ダイズ博士の畑に行ってよかったと思います。それは，ダイズ博士のダイズはまだ収穫していないのと聞いたら，答えてくれたからです。お忙しいところ，本当にありがとうございました」と書いている子どもがいた。さらに，地域の人にお世話になることも子どもたちにとっては，地域を認識し，親しみをもてることにつながるだろう。2度ダイズ博士にお世話になり話を聞いたこと，畑の変化を目のあたりにしたことにより，「説明してくれたおかげで，勉強に役立ってどんどん進みました。2回も行かせてくれてありがとう」というように書くことができた。

**コメント** その後，ダイズの加工食品を調べ，スーパーに買い物に行った。また，栄養について養護の先生に話を聞いた。そして，ダイズで豆腐やきなこ，味噌をつくる経験をした。こうした活動は，ダイズ博士の話をもとに発展したと考え，それぞれの活動の導入としてダイズ博士の話を思い起こすように助言した。

2月に，「大大大好き ダイズ祭り」と称して，保護者を招いて発表会をおこなった。そのとき，ダイズについてわかったことでクイズを作り，出題し合った。その場に，ダイズ博士を招待した。子どもたちから見学のお礼を聞いていただくことや

子どもたちのなかに入り楽しんでいただくことができた。　　　　　【野々山美恵】

> 例6　つくろうよ　作野の里にせせらぎ　水の駅【3年生】

　学区探検から追究したいことをみつける活動を繰り返した。探検したい地区ごとに班分けし，田畑，店，公共施設，生き物をみつける活動をおこなった。どんなものをみつけたかがわかるように，4色のシールを地図上に貼りつけた。そして，みたものをメモとカメラによる映像で記録した。

　探検後，みつけたものを学区の地図に書き，それぞれの場所の特徴を写真や絵と言葉で説明した。そして，その地図にふさわしい名前を考えた。「しぜんいっぱい作野マップ」など，どの学級も「自然」という言葉の入った名前を考えた。探検によって，作野小学校区には田畑，公園が多くあり，生き物がたくさんいることがわかったからである。

　それゆえ「自然」をキーワードにして，次の探検の目標を考えた。子どもから「生き物がいっぱいいそうな場所を見つけたい」という声があがった。そして，どこを探検するかを話し合った。「篠目公園」「水の駅（地域の人が作ったビオトープ）」「ホタルの館（地域の人が作ったホタルを飼育する施設）」「梨団地」などが候補にあがった。所有者や管理者の許可を取らなければならない場所が多

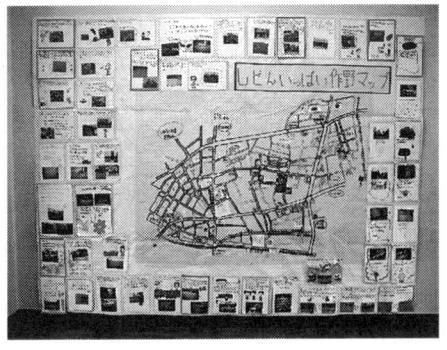

p 2-2-2　篠目公園には生き物がいっぱいいるね　　　p 2-2-3　しぜんいっぱい作野マップ

く，どうしようかと問いかけた。浩二郎は「昨日，ご飯を食べているとき，梨団地に行きたいと話したら，3人，4人なら頼んであげると，おばあちゃんが言っていたよ」，祥太郎は「ぼくのおじいちゃんが水の駅とホタルの館のことよく知っているから，聞いてあげる」と発言した。次の日に，2人は，「おばあさんが梨団地の人に話をしてくれて，梨団地に入っていいって……」「水の駅やホタルの館でいろいろなことを教えてくれる人が待っていてくれるんだって……」と他の子たちにうれしそうに伝えた。前日「篠目(ささめ)公園に行きたい」と話していた昭子は家に帰ってから，篠目(ささめ)公園の生き物探しについてお母さんと話し合った。その後，市役所の公園緑地課に探検をしていいか電話で確認を取った。そして，「生き物探しはやっていいが，つかまえたものは逃がして欲しいと言っていたよ」と発表した。そこには，自分たちの力で探検を可能にできたことに満足した顔があった。探検のねらいを話し合い「どんな生き物が，どんな場所に生きているのか」「生き物がいっぱいいる場所には，どんな秘密が隠されているのか」を探ることとなった。

　探検では，希望した場所で生き物が集まる秘密を探した。「ホタルの館」では，ホタルを繁殖させることを熱心におこなっているホタル同好会の方から，ホタルの幼虫の増やし方とその苦労について聞いた。その後，「ホタルの館」に入り込んだザリガニやモツゴをつかまえた。「水の駅」では，そこにすむ水の生き物の多さに驚いた。そして，どんな生き物がいるか調べるために，生き物をつかまえることに夢中になった。「水の駅」を作った方から，「水の駅」がビオトープであること，生き物を自然に増やしたいと考えていることを聞いた。「梨団地」では，土の上にわらをたくさん敷くことで土が軟らかく

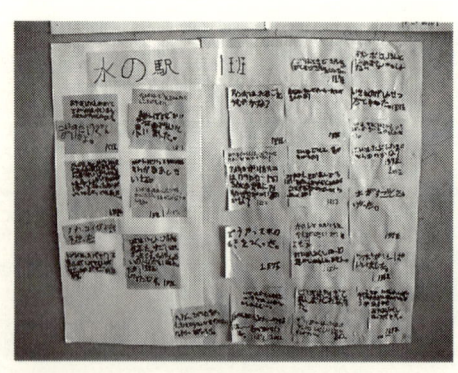

p 2-2-4　水の駅の秘密のまとめ

第2節　追究の場　45

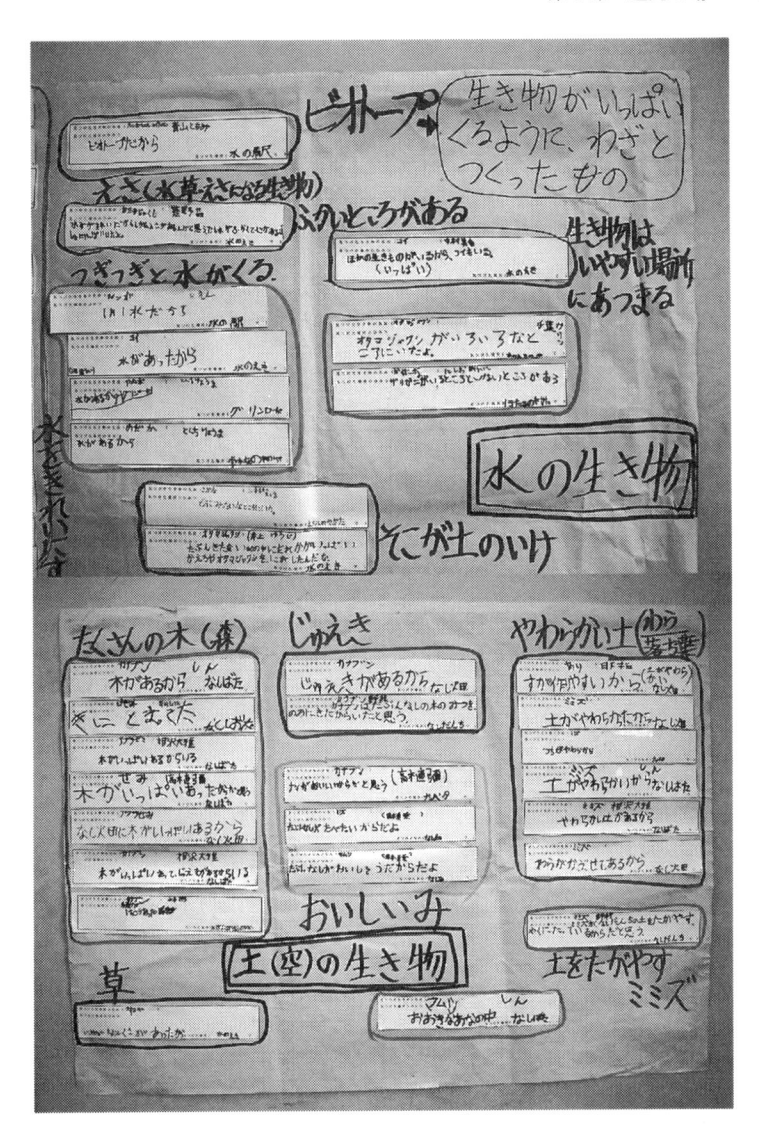

p 2-2-5　みんなでみつけたものをグループ分け

## m 2-2-4 みつけたものを座席表指導案に

| | | | | | |
|---|---|---|---|---|---|
| **1**<br>※土が軟らかいから。(ミミズ) | **8**<br>○水がきれいだから。(カエル)<br>○ほかの生き物がいるから、コイもいる。 | ①2, 6, 8, 9, 11, 13, 23, 17, 19, 20, 21, 22, 28, 30, 32, 33, 36の児童の「●きれいな水」の意見と3, 30の児童の「●汚い水」、16, 36の児童の「●水」、7の児童の「●いい水」、23の児童の「●どぶ」との違いを問題にする。<br>・「汚い水」とは本当に汚れた水なのか。<br>・「水」と「いい水」、「きれいな水」とどう違うのか。<br>・「どぶ」とは汚い溝のことなのか。 | | **23**<br>●どぶみたいな所にいた。(魚) | **30**<br>●水の汚いところもあったよ。(オタマジャクシ) |
| **2**<br>○水がきれいだから。(コイ・ヤゴ・カエル) | **9**<br>※水草、きれいな水があった。(コイ) | | | **24**<br>□陰の、隠れる場所。(カエル)<br>○水草にあった。(メダカ) | **31**<br>※ミミズが築団地の土を耕す。役立っているから。<br>#カナブンはたぶん梨の実の蜜を飲みに来たからいたと思う。 |
| **3**<br>●たぶん汚い水の中に避かかついっぱいるカエルやオタマジャクシを逃がした。(オタマジャクシ) | **10**<br>♪たぶん梨が食べたいからだと思う。<br>♪たぶん梨がおいしいいいしいからだよ。(マムシ) | ②9の児童の「◇水草」と「○きれいな水」との関係についての気づきから、水草は水をきれいにするのかを考える。<br>③20の児童に「☆ビオトープ」がどんなものであるかを発表できるように支援する。 | ①1, 25, 26, 27, 29, 31, 34の児童の「※軟らかい土」がどうようにして作られたのか、25, 26の児童の「わら」の存在を手がかりに考える。 | **25**<br>#削液があるから。(カナブン)<br>○わらかかせてあるから。(ミミズ)<br>♪木がいっぱいあるから (アブラゼミ) | **32**<br>○水がきれいだからいっぱいたよ。(オタマジャクシ) |
| **4**<br>□岩がけに。(ザリガニ) | **11**<br>○口水がきれいだし、隠れ家があるから。(魚・ザリガニ)<br>○口水がきれいだし、ひっつく石があるから(カワニナ) | **15**<br>#汁があるから。(カナブン)<br>※軟らかい土がある。(ミミズ) | **19**<br>○きれいな水があったよ。ほんとにきれいだったよ。(オタマジャクシ)<br>○いろいろなところにいた。橋の下に(アメンボ) | **26 児童C**<br>○わらで土が軟らかかったと思う。(ミミズ)<br>#削液があるから。(カナブン)<br>※巣が造りやすいから。(アリ) | **33**<br>○○水がきれいだから瓶があると思う。でも、水が脱くて草があるところにいっぱいたよ。(オタマジャクシ) |
| **5**<br>♪木がいっぱいあるからだと思う。(セミ)<br>♪梨がおいしいからだと思う。(カナブン) | **12**<br>♪緑がいっぱいあった。(カナブン) | **16**<br>○水があるから。(アメンボ)<br>○水があるから。(メダカ) | **20 児童B**<br>○水があるから。(イトトンボ)<br>☆ビオトープだから。(カエル・アメンボ)<br>○水がきれいだから。(コイ) | **27**<br>♪木がいっぱいあるから。(アブにゼミ・カナブン)<br>※軟らかい土がある。(ミミズ) | **34**<br>※わらかせてあるから。(ミミズ) |
| **6**<br>▽植物がいっぱいあったから。(イトトンボ)<br>○水がきれいだったから。(オタマジャクシ・コイ) | **13**<br>○水がきれい。(ザリガニ)<br>△カワニナがいるから(ホタルの幼虫)<br>△こけがあった。(カワニナ) | **17**<br>○池がきれいだから。(アメンボ)<br>□石や水草で隠れやすいから。(ザリガニ)<br>○○水草や仲間がいるから。(メダカ) | **21**<br>○水がきれいだから。<br>○石とかかげがあるからかな。(カワニナ)<br>・海藻とか隠れる場所があるから。(ザリガニ) | **28**<br>○水がきれいだから。(コイ)<br>○池がきれいだから。(コイ) | **35**<br>▽畑の草の所にいたよ。(トンボ)<br>▽田んぼの水の中にいたよ。(カエル) |
| **7**<br>○いい水だから。(コイ・カエル)<br>▽植物がいっぱいあるから。(トンボ) | **14**<br>△カワニナがたくさんいた。(ザリガニ)<br>△暗くしてある。(ホタルの幼虫)<br>△ザリガニがいない。(カワニナ) | **18**<br>□石があるところ。すみかみたいな所。(ザリガニ) | **22**<br>・オタマジャクシがいろいろなところにいたよ。<br>○水がきれいだから。(コイ・メダカ) | **29**<br>♪木があるから。(カナブン)<br>※土が軟らかいから。(ミミズ)<br>・大きい穴の中。(マムシ) | **36**<br>●水があったから。(コイ)<br>○きれいな水だから。(アメンボ)<br>▽草があったから。(コオロギ) |

なり，その土がカブトムシやカナブンの幼虫を育てていることを見つけてきた。
　この2回目の探検から，学年作戦会議「わかったことを生かして，次にやりたいことを決めよう」に向けて，学級で話し合いをもった。
　前ページの資料は座席表指導案の一部である。授業では，資料（m2-2-4）が示すようにはじめに子どもがみつけた生き物がいる場所の秘密を短冊に書き，それを黒板上にはり，分類した。本時ではビオトープ作りをしたいという彩子の声を引き出したいと考え，授業の前に「ビオトープ」についてどのくらい理解しているかをただした。彩子は水の駅を作った竹内さんから水の駅が「ビオトープ」であることを聞いた。かの女は家に帰ってから，「ビオトープ」がどんなものであるか気になり，家族に聞いていた。昨年ビオトープについて学んでいた兄より「ビオトープは生き物がいっぱいくるように，わざと作ったものであること」を聞いた。授業で「ビオトープという言葉の意味がわからない」という質問が出た。兄から聞いた説明を発表した。「ビオトープ」についてのかの女の明快な答えに驚きの声があがった。「土や空の生き物」については，「土の軟らかさ」が話題となった。浩二郎は「わらを入れて軟らかい土を作り，その土が昆虫などの生き物を集めている」と発言した。かれの発言が軟らかい土に目を向けさせることとなった。授業の最後に，かれは次の学習で「21世紀の森に落ち葉やわらを敷いて昆虫を集めたい」という希望を語った。これが，子どもの目をビオトープ作りに向けさせた。

　**コメント**　探検をした107名の子どもたちは，さまざまな発見をした。その発見のひとつひとつを表現し，それをみんなで吟味することで，ビオトープの存在やその意味に気づいた。子どもの興味・関心から学びを引き出し，深めたいと考えるとき，この実践での学びの過程が参考になると思われる。何より，彩子の「ビオトープ」についての堂々とした説明を引き出せたことが，成果であると思われる。かの女の自信に満ちた説明が，学年作戦会議「わかったことを生かして，次にやりたいことを決めよう」の場でみんなの心を動かした。「水の駅のように，自分たちも生き物が集まる場所を作りたい」「21世紀の森に落ち葉やわらを積んで，虫をいっぱい集めたい」など，ビオトープ作りを希望する声ばかりがあがった。1時間の話し

合いで,「集まった生き物が逃げないように,網をしたらどうか」「自然に近い状態で生き物を集めることが大切ではないか」など,ビオトープ作りで大切にしたいことにも話が及んだ。このように3年のきらめき学習では,探検や取材を通して,学びの対象を絞り込み,追究課題をはっきりさせることができた。　　【内田博志】

## 例7　作野小学校にビオトープをつくろう【3年生】

　3年生の子どもたちは,1学期のきらめき学習で学区探検をして作野マップを作りあげた。そして,作野小学校区には今まで気づかなかった施設,工場,田畑などがあることがわかった。校区の自然環境を調べた子どもたちは,近くに「ホタルの館(ホタルの飼育施設)」や,「水の駅(地域のビオトープ)」という施設があることに気づき興味をもった。学区探検後の話し合いでは,「どうして,グリーンロードには,魚があまりいなかったのに,水の駅にはあんなにいるのか」とか,「どうして,このような施設があるのか」という疑問が子どもたちのなかからでてきた。その後,地域のホタル同好会や明治用水土地改良区の方たちの話を聞き,これらの施設が,作野の豊かな自然をもう一度取り戻したいという地域の人々の願いのもとに作られたことを子どもたちは知った。

　地域の人たちの話を聞くうちに,生き物好きな子どもたちのなかから,自分たちの学校にもいろいろな魚や虫たちが集まる場所があったらいいなという声がでてきた。その後,話し合いをしていくうちに,自分たちも,地域の人たちのような野生の生き物が自然に暮らせる場所「ビオトープ」を作りたいという気持ちが高まっていった。

　子どもたちの願いを実現するために,2学期のきらめき学習は,ビオトープ作りをすることにした。まず,「どんな生き物が来てほしいか」ということについて,子どもたちと話し合ったところ,メダカやどじょうなどの水の中の生き物,ウグイス,ツバメ,カモなどの野鳥,カブトムシ,クワガタ,トンボなどの虫,タンポポ,スミレ,レンゲなどの草花と実にさまざまであった。

子どもたちの興味を軸とした学習を進めるために，学級を解体し，呼び寄せたい生き物ごとに水辺，野鳥，草花，虫と4つのグループを作ることにした。

　まず，子どもたちは，ビオトープのイメージを絵で表した。子どもたちが描いた絵の中には，池や小川が流れ，空には鳥が飛び，草や木の中には，いろいろな虫たちがいた。

　幸い，校内には，21世紀の森という松や梅，ミカン，クヌギなどをはじめ，いろいろな木が植えられているこんもりとした小山がある。そこを利用してビオトープを作ることにした。

p 2-2-6　池やせせらぎ作りをする子どもたち

　わたしの担当した「野原の生き物コース」の子どもたちは，全員で28名であった。最初の授業では，「どんな虫が来てほしいか」ということについて話し合った。その話し合いのなかでも，子どもたちが呼びたい虫はいろいろであった。そこで，自分たちがすみかを作りたい生き物を呼ぼうということで，「カナヘビ・トカゲ」「コオロギ・バッタ」「カブトムシ・クワガタ」「チョウ・テントウムシ」という4つのグループにクラスを分け，それぞれの生き物たちにふさわしいすみか作りをすることにした。

　すみかを作る前に，まず，図鑑などで虫の生態を調べた。カナヘビは石や枯れ葉の下に隠れるということや，バッタの食べ物はエノコログサやススキ，チカラシバなどの草花ということがわかった。また，カブトムシは，クヌギの木にくることや，チョウは種類によって卵を産み付ける木が違うことなどがわかった。

　生き物の生態を学んだ子どもたちは，それぞれのグループごとに学校の周りや家から材料を集め，さっそくすみか作りにとりかかった。カナヘビグループは，校庭の隅にある石や枯れ葉を集めカナヘビの隠れ家を作った。バッタグルー

プは，ススキやエノコログサを学校の草地や家の近くから抜いてきて植え，落ち葉をまいた。カブトムシグループは，クヌギの木の近くに小枝や落ち葉をしいた。そして，チョウグループは，春になったときに蜜が吸えるようにタンポポやクローバーなどの草花を植えた。

p 2-2-7　虫のすみかを作る子どもたち

こうして，それぞれのグループが，虫のためのすみか作りに夢中になって取り組んだ。すみか作りの後に，バッタグループの祐介は，「何年たっても，ぼくたちが作ったすみかが残っていてほしいです」という感想を書いていた。

　しかし，バッタグループの誠は，「バッタが来てもカナヘビのすみかがすぐ近くなのでカナヘビのえさになってしまい，バッタが増えていかないんではないか」と心配していた。そして，「もっと離れた所にすみかを作り直そう」ということをいいだした。誠の心配から，バッタグループの子どもたちは，せっかく作ったのに作りなおすのはいやだという子と別の所に作り直そうという子の2つのグループに分かれてしまった。「カナヘビのすみかをもっと遠くにすればいいのではないか」とか「カナヘビは鋭いので，すぐ虫を見つけて食べてしまう」とか「カナヘビは少しは食べるけれど全部は食べないんではないか」などの意見がでた。結局，誠のグループは，カナヘビのすみかを離れた所にもう1つ作った。カブトムシグループの子たちは，なかなか来ないカブトムシのために，クヌギの木に樹液のもとを塗り，カブトムシが飛んできてくれることを願っていた。チョウグループの子は，せっかく植えたススキやタンポポなどの草花が枯れていってしまいがっかりしていた。しかも，季節は10月の下旬。虫の季節が終わろうとしている時であった。子どもたちの願いとは裏腹に，自分たちが作ったすみかには虫はなかなか来なかった。暖かくなって春が来るまで，子どもたちの作ったすみかは，家主のいない空き家のままである。

このようにして，自分たちの願いのもとに作ったすみかに虫が来るかどうかという結果がでるのは，まだまだこれから先のことではある。しかし，作野小学校に，生き物のためのビオトープをみんなと協力して作り上げたという喜びと満足感は得られたと思う。そして，暖かくなって虫たちが来たときは，その喜びが，さらに膨らむことであろう。

> **コメント**　昨年の4年生が，ビオトープのきらめき学習に取り組んでいたこともあり，せせらぎや，池作りにかかる予算的なことはスムーズに進んだ。池やせせらぎ作りの工事で，専門的なところは業者の力を借りた。しかし，ビオトープを作りたいという願いのもとに，3年生全員が力を合わせ，子どもたちの手で作り上げることができた。場所の面においても，幸い校内には，21世紀の森というビオトープを作るのに適した場所があり，恵まれていた。
> 　虫グループを4つの小グループに分けて，すみか作りをおこなったことは，自分たちの作ったすみかであるという認識から，協力して作業することができた。
> 　今，いろいろな学校でビオトープ作りがおこなわれているが，作野小におけるビオトープ作りは，地域の人たちのお話から学んだところが大きく，学校と地域が同じ願いのもとに進めることができる環境保護活動であった。　　　　【田尻ふみ子】

## 例8　ハーブの班別追究から【4年生】

　4年生のきらめき学習では，薬草について学んだ。最初に校内薬草探検をし，どんなものが身近にあるか調べた。子どもたちは，「クワの木があったよ」「ぼくは薬草を10個以上見つけた」「タンポポは薬草かな」と興味津々に薬草を探していた。そして，調べるたびに「梅は胃にいいんだって」「ドクダミは便秘に効くらしいよ」「ヨモギは傷薬になるよ」などと驚きの声をあげた。

　あるとき，子どもの興味が，薬草からハーブに集まった。ドクダミやヨモギなどの薬草を用いて，お茶を作ってからのことであった。ペパーミントもそのなかの1つであった。ペパーミントティーの香りのよさに，「おいしそうだね」と声をあげる子どもが少なくなかった。

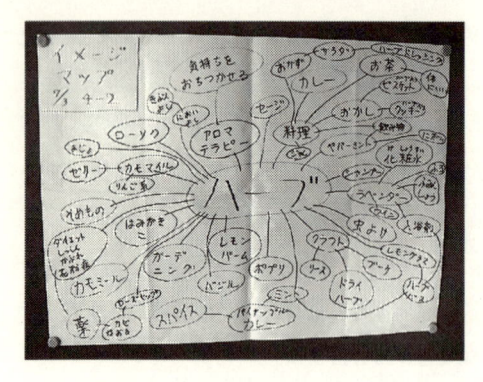

**p 2-2-8 クラスのイメージマップ**

香りのいいペパーミントは学校の飼育小屋の近くにいっぱいあった。外庭掃除の子が草取りをしながら、ペパーミントのにおいをかいでいる光景が見られた。また、教室にローズマリーやバジルの苗を持って来てくれる子たちが出てきた。そのとき、わたしは子どもの興味が薬草からハーブに変わってきたことを感じた。そこで、確認のためにハーブのイメージマップを書く場を設けた。考えていた以上に子どもは興味や知識をもっており、関心の深さを感じ取ることができた。

　ハーブの追究にあたって、「食」「香り」「飾り」「育て方」「効能」「歴史」の6つに分けた。そして、子どもに何に一番興味をもっているか、何を一番調べていきたいかたずねた。女の子の多くは、リースやポプリを作りたいという気持ちから、飾りや香りに関することに興味を示した。男の子の多くは、ハーブの入った料理を食べたい、いろんなハーブを育ててみたいという気持ちから、食や育て方に興味が集中した。しかし、困ったことに、歴史に興味を示す子がいなかった。

　そこで、「いつからハーブがあるのだろう」「昔はどういうように使われていたのか」「どこで使われているのだろう」など歴史の重要さの話をした。その結果、歴史班も成立した。

　しかし、歴史班では、追究を通して調べた内容が浅くなった。追究のとき、活用した本の内容や漢字は子どもにとって難しかった。もとは自分の調べたい分野でなかったことも原因であろう。

　**コメント**　ハーブに限らず何かを知るうえで、歴史的探究は大切である。しかし、子どもの興味を度外視して、教師側の意図から半ば強引に歴史班にもっていっ

たのは，追究意欲をそぐものであった。

　ハーブの追究は，個人追究から始まった。子どもたちはそれぞれ興味をもったことをくわしく知るために本で調べた。家でインターネットを活用して調べた子もいた。

　個人追究を終えたころをみはからい，班で調べたことをまとめていくよう指示を出した。個人追究でわからなかったことは，班の話し合いで解決に結びつけようと試みた。

　効能班では，ハーブの効能を調べているうちに，興味が漢方に向かった。「漢方って，どういう薬なの」(正人)，「漢方はどのぐらい種類があるの」(圭介)，「漢方は普通の薬とどう違うの」(幸子)，「漢方はどういう人が使っているの」(志保)。すると高彦が「ぼくの家では，漢方を取り扱っているよ」と言った。班の話し合いでも解決できない疑問は，高彦の家（自然回帰堂）で取材させてもらうことにした。

　**コメント**　自然回帰堂の取材では，疑問を解決するばかりでなく，あまり見慣れない漢方薬を取り扱う店の雰囲気も感じることができた。ふだん，一人一人の調べ学習では活動意欲が低い子も，熱心に取材活動する姿を見ることができた。また，漢方のよさを説明する主人の熱意を感じとったようであった。

（圭介の取材感想より）

> 　ぼくは，自然回帰堂に行きました。最初はきんちょうしたけど，いろんな漢方を見せてもらっているうちに楽しくなってきました。
> 　自然回帰堂では，40種類以上の漢方を取り扱っていたのでびっくりしました。でも，漢方は何百種類あることを聞いて，もっとびっくりしました。漢方薬は，普通の薬のように病気を治すのではなく，体のめんえき力を高めることを知りました。漢方薬のにおいもすごかったです。

　育て方班では，個人追究の内容が多岐にわたっていたので，「育てていくのに何が大切だろうか」と問いかけて，話し合いをしぼりこんだ。

　「硬い土だとうまく育たない」(邦明)，「栄養のある土だとよく育つ」(太郎)，「水はけがよい土がいい」(英人)

そこで，わたしは「じゃあ，土にしぼって調べたらどうかな」と助言した。「どういう土が乾くと硬くなるのだろう」(邦明)，「栄養のある土には，どういうものがあるのだろう」(太郎)，「ハーブによい，水はけのいい土はどういう土だろう」「ハーブ専用の土を一度見てみよう」(英人)

10月4日の遠足は，デンパーク(自然あふれる植物園)に行くので，わからないことはそこで取材することにした。そして，土の追究をすすめていくうちに，さらにしぼりこんで腐葉土をくわしく調べるようになった。

(太郎の感想より)

> ぼくは，ハーブの育て方に興味をもって調べていきました。そのなかでも，土にしぼって調べました。ハーブによい土には，赤玉，ピートモス，腐葉土などがあります。特に，腐葉土は自分で作ることができるし，ハーブによいことがわかりました。もっと調べていきたいです。

**コメント** 班での話し合いから，土にしぼりこんだことで「ハーブによい土を作っていこう」という追究の目標ができ，子どもの意欲が持続した。太郎は家で「プランター腐葉土」を作り，生活に活用している。土の追究はハーブの育て方のごく一部だが，ひとつのことにこだわりをもって調べたことは評価できる。

各班で取材してきたことをポスターセッション形式で発表することにした。子どもの興味・関心を引き立てるため，ポスターセッションでは「どのように発表したらわかりやすく，おもしろく発表できるか，聞き手の立場になって発表する」ことを考えた。

劇を取り入れて発表する班，クイズを取り入れて発表する班など，さまざまな発表の仕方が試みられた。

発表後，効能班では，よかったことや疑問に思ったことを記入した付せんを見て，

p2-2-9 効能班の発表

また新たな疑問がわきあがった。

「漢方を取り扱っている国はどこだろう」(圭介),「苦くない漢方ってどうやって作っているのかな」(幸子)

そして,再び疑問を追究するために自然回帰堂に取材を申し込んだ。取材では,苦くならないように,最近では錠剤が増えていることを教えていただいた。また,桂枝葛根湯という漢方薬をいただいた。袋からしみ出す苦そうなにおいに子どもは興味津々だった。インターネットで効能を調べると風邪に効くことがわかった。

**コメント** ポスターセッションから新たにわきあがった疑問を再び追究していくことは,子どもの意欲を反映している。苦くない漢方薬があることを知って,自分たちも漢方薬を使ってみたいという気持ちが育った。また,みんなに漢方のよさを広めていくきっかけとなった。　　　　　　　　　　　　　　　【菅原英樹】

## 例9　日本らしさを探る【6年生】

6年生は「日本らしさを探る」を年間テーマにした。前年度のオーストラリアの学習の成果を生かしながら,子どもたちは,日本の伝統や文化について学ぶなかで「日本らしさ」を探究した。「衣」,「食」,「住」の3つの分野に分けて,1学期は「衣」を中心に学んだ。2学期は「伝えたい日本食」をサブテーマに,日本らしさを「食」の分野から探ることとなった。その際,和食を「日本食」と表現した。日本食の良さを探る学習を通して,近年,外国で人気が出てきた日本食を見直すことを主なねらいとした。

どのような日本食を家族が好むのかを調べ,また,家庭に伝わる伝統的な料理を調べた。家庭では,すしや丼物に人気があり,核家族では焼きそば,カレーという日本料理があがってきた。伝統的な家庭料理はほとんどなく,家庭の料理が洋風化,均一化していることがわかった。その後,伝えたい日本食を各自で決めた。その良さを探り,実際に作って食べた。また,職人さんに取材に行

き，家庭とプロとの違いを実感してきた。

　調べるうちにインターネット記事や新聞記事に，日本食が外国でも人気があることがわかってきた。子どもたちのなかには「普段食べている日本食が本当に人気があるんだろうか」「ぼくは野菜の煮たものよりサラダや肉の方がいいのに。どうしてだろう」と疑問を発表する子もいた。実際，給食では，日本食のときの方が子どもたちの残飯が多いことがある。

　そこで，近くのファミリーレストランの朝食メニューでクラスの子どもたちの食に対する傾向を調べ，話し合うことにした。

| 朝食メニュー | 献立 |
| --- | --- |
| ①和食メニュー | 麦ご飯　とろろ汁　味噌汁　温泉卵　漬物　ひじきの煮つけ |
| ②ブレックファースト | トースト　スクランブルエッグ　ソーセージ　サラダ　飲み物 |
| ③フレンチトースト | フレンチトースト　飲み物 |

　これらの3つのメニューで「朝，食べたいもの」は何かとクラス全員にたずねた。アンケートの結果は，① 9人，② 4人，③ 14人であった。朝食には洋食がいいと18人が答えていた。「パンがいい」と答えた子どもは，「時間がないから，飲み物がついていて，簡単に食べられるほうがいい」「見た目にもきれい」「甘いものが食べたい」「フランス風だとおいしそう」と答えた。一方，麦ご飯を食べたいと答えた子どもは，「カロリーが低くていい」「食品数が多い」「栄養がきちんと取れる」「値段は50円高いけど，量が多いから得している」ことをあげていた。朝食は，起床時間や前夜の食生活の影響を受けるので，健康に良いことはわかっていても，朝は時間をかけて食べられない子どもたちが多いことがわかった。外国の人の食事は，パン食中心で，カロリーの高いものを食べており，自分たちもよく似た好みになっていることがわかった。外国では「日本食が人気があるのはなぜだろう」という疑問について追究をした。

　外国の方の話を直接聞いて，自分たちのものの考え方を確かめようと，英語

指導助手(ALT)の方に来ていただいて話をうかがった。

好きな日本食は
　○だいたいすき。納豆や刺身はきらい。
　○うどんやそば好き。
アメリカに伝えたい日本食は何ですか
　○アメリカ人がすきなのは，てんぷら。
アメリカにうどんがありますか
　○スーパーに，うどんやとうふがあります。
　○肉より高いけど健康的。
おすしを食べた印象は
　○おいしく，ライト。たくさん食べても軽い。
日本に来て，日本らしいと思うことは
　○やきとり。新幹線。お寺。神社。

p 2-2-10　ALT の先生に質問する子ども

　外国の人から直接話を聞くことによって，子どもたちの疑問が明らかになってきた。この後「ヘルシー」「ライト」をキーワードに，疑問をもって「外国人の体型，肥満度」「世界の平均寿命」に視点を当てて追究しはじめた子どももいた。

　すしを追究課題にした子どもたちは，「すしはヘルシー」というALTの先生の話を聞いてさらに意欲的に調べ出した。子どもたちは新聞から多くの記事を探し出してきた。「冷凍すし」「ロボットすし」などタイムリーな話題はたくさんあった。また，スポーツ選手が世界新記録を出したとき，外国の新聞社のなかには「すしターボ」という見出しをつけて，記録を讃えていた。また，有名なプロゴルファーが日本食に挑戦していることも記事になっていた。このように，すしをはじめとする日本食に，世界的に注目が集まっていることがわかってきた。

　さらに，10月には，地元の夕刊に「すしではなく SUSHI」という記事が載った。すしが，アレンジされて「カリフォルニアロール」や「ニクソンロール」として日本に「逆輸入」され，東京ですしバーやすしカフェが開店したというものであった。

この記事をもとに「創作すしが広まることはよいことだ」というテーマで話し合うことにした。

すしをテーマにしていた子どもたちは，地元のすし屋に直接取材に行き，あるいは，持ち帰りすし屋に電話をかけて，店の方に取材をした。そうしたら，「いろいろなすしが広まるのはいいんじゃないかな。でも私は，地元の魚を使って今までのすしをおいしくしたいから私はやりませんけど」と専門店の意見をカードに書いてきた。

他の食材をテーマにしている子どもたちは，カリフォルニアロールのカラーコピーをもって家族や友だちに取材をした。

話し合いの場面では，創作すし賛成派は，「いろいろなすしが食べられてよい」「日本のすしがもっとおいしくなるからよい」「福鮨さんは，自分は作らないけどいいんじゃないかといっていたよ」「外国の文化も取り入れるのはいいじゃないか」という意見を出した。反対派は，「日本のすしはさっぱりしているのにくどくなるのはどうかな」「おばちゃんたちはさっぱりしたのがよいといっていた」「伝統のすしが変わっていくのは残念」「日本のすしはヘルシーだったのに変化してしまう」「すしを作る伝統がうすれてしまう」などの意見を出した。

新聞記事に載っていた創作すし屋に電話をしたところ，「洋風なすし屋です

p 2-2-11　すし専門店で取材する子ども　　p 2-2-12　家で教えてもらったすしを作る子ども

けれども，こだわりがあります。それは，お米です」と話された。子どもたちは，すし屋さんが，洋風に変わっても，すし本来の味にこだわっていたことに驚いていた。また ALT の方は，「車のように日本の車がアメリカに輸入されているように，すしも日本に輸入されて，文化の交流ができてすばらしい」と答えていた。

　子どもたちの話し合い後に自分たちで作ったアボガドの入ったカリフォルニアロールを味わってみた。「思ったよりおいしかった」「やっぱりアボガドはどうかと思う」など賛否両論であった。慣れない食材だったために抵抗があった子どももいたが，サラダ巻きのように定着したものもあるので，「慣れればおいしくなると思う」と感想を書いている。

　コメント　このように「伝えたい日本食」を調べるうちに，「外国で日本食に人気があるのはなぜか」という疑問が出てきた。その疑問をそれぞれの追究している食材にあてはめて調べた。調べるうちに「日本食の人気」「外国からのすしの逆輸入（中日新聞，2001 年 10 月 6 日夕刊）」という新聞記事を共通テーマにして話し合うことにした。ひとつの課題で話し合うことは，友だちの意見に対して，自分はどう思うのか，友だちはどう思っているのかと，考えを交流することができた。この話し合いで出てきた疑問は新たな追究課題となり，次への学習意欲を高めることができた。

【阿部澄子】

## 第3節　錬磨の場

**例10**　おとなしい子どもたち　共通テーマで話し合い【3年生】

　学校の周りにはどんなものがあるか興味をもった子どもたちは，2度にわたる学区探検をした。そのなかで，子どもたちは自分たちの住んでいる作野小学校区の自然と，その自然を守ろうと「水の駅（地域ビオトープ）」作りやホタルの保護活動をしている地域の方がいらっしゃることを発見した。そんな地域の方の姿に触れ，始まったのが学校ビオトープ作りである。

　1学期の終わりに，それまでのきらめき学習のまとめとして学年で話し合いの場をもった。「僕たちも，水の駅みたいなのを作りたい」「魚をいっぱい増やしたい」「落ち葉やわらを積んで虫をいっぱい集めたい」「草花畑をつくりたい」などさまざまな意見が出た。学年全員でビオトープを作ることが決まった。

　それぞれの学級で「どんな生き物の集まるビオトープが作りたいか」話し合ったところ，子どもたちの興味は，魚・鳥・昆虫・草花の4種類に分かれた。そこで，学年の子どもたちを「水辺の生き物コース」「林の生き物コース（昆虫）」「野鳥コース」「草花コース」の4つのコースに分け，それぞれの興味に対応できるようにした。

　わたしが受け持ったのは「草花コース」である。女子22名，男子1名の計23名からなるグループであった。ほとんどの子どもが，授業中あまり発言をせず，いわゆる「おとなしい」といわれるような子たちであった。

　**コメント**　同じような子たちが集まるからこそ，普段は発言しない子でも安心して意見が言えるのではないかといった期待があった。確かに，草花の名前を調べそれを春夏秋冬に分けたりするときには，発言が多く見られた。普段の授業のかの女たちの発言状況からすると，これはとても喜ばしいことである（それでも，発言を恥ずかしがる子もいたのだが）。だが，自分の意見を求めると，とたんに黙り込

んでしまう子が多い。毎時間書いている自己評価プリントや全体での話し合いの前に書くプリントには,「いろいろなお花を植えてみたい」「たくさん作業がしたい」「草花の日記を作ってみたい」とある。しかし,その願いが全体の場に広がらなかった。せっかく一緒の教室で考え活動しているのに。集団でいることの良さが生かされていない。話し合いの場をもつたび,活発とならない話し合いに歯がゆい思いをした。どうすれば,子どもたちの考えを引き出すことができるのだろう。

そこで,ひとつの話し合いを設定することにした。「草花をどこに植えるか」の話し合いだ。この話し合いのために子どもたちは,植えたい草花の名前,場所,その理由を各自で書き込んだアイデアプリントを用意した。何の計画も立てずに草花を植えたら枯れてしまったので,今度は話し合いをもとに植えてみることになったのだ。そこで,アイデアプリントを書くために次の2つの支援を試みた。

p 2-3-1 調べ学習をするこどもたち

---

① 日なたと日影,湿った場所と乾いた場所など植物の生態について考えて欲しかったので,植物に関する調べ学習の時間をとる。
② 植える植物によって生息する虫・魚が変わってくることにも考えを及ぼして欲しいので,それぞれのコースの現状を報告する中間発表会で草花コースに出された「池や川の土手に草花を植えてほしい」,「蝶が来るように花を植えてほしい」などの要望を模造紙に書き,掲示する。

---

その試みの後,次ページのようなアイデアプリントを書いた。
それぞれのアイデアプリントを手に持ちながら話し合いが10月29日におこなわれた。『草花をどこに植えるか』の話し合いである。机は,お互いの顔が見えるようにコの字形に配置した。中央のスペースには,今までに集めてきた

m 2-3-1

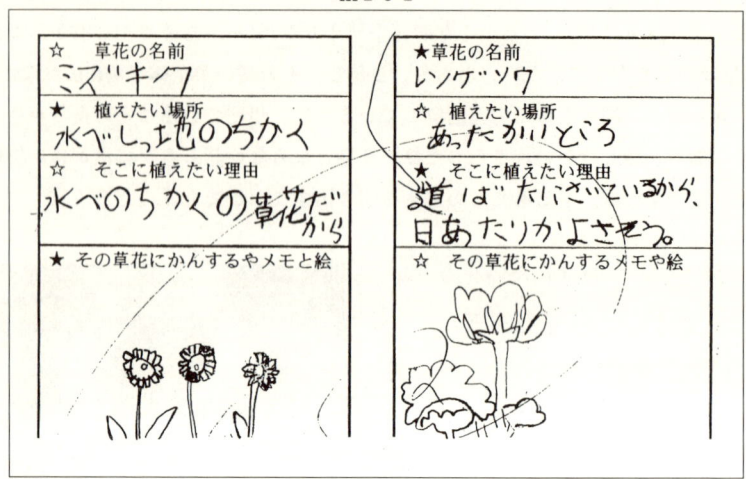

```
☆ 草花の名前                    ★ 草花の名前
  ミズキワ                        レンゲソウ
★ 植えたい場所                  ☆ 植えたい場所
  水べしっ地のちかく              あったかいどころ
☆ そこに植えたい理由            ☆ そこに植えたい理由
  水べのちかくの草花だ            道ばたにさいているから、
  から                            日あたりがよさそう。
★ その草花にかんするやメモと絵  ☆ その草花にかんするメモや絵
```

草花をどの子どもからも見えるように並べた。いずれも近所から子どもたち自身で採集してきたものである。自分たちの集めてきた草花をあらためて目の前にし、「うわー、こんなにたくさん集まったんだね」「先生、話し合いはいいから早く植えようよ」と、子どもたちは声をあげた。

まず、一人ずつ植えたい草花名を発表することから始めた。「エノコログサ」「ホトケノザ」「カタバミ」「ススキ」「クローバー」などがあがった。次に、なぜそこに植えたいか、そのわけを聞いた。「カヤツリグサをいろいろな場所に植えたい」とさえ子。最初は「えー、何でそんなにたくさんの場所に植えるの」「そんなの無駄じゃない」と不満げな声をあげる子どももいたが、さえ子の「どんな場所が一番カヤツリグサにあってるか調べてみたい」という願いを聞くと納得したようであった。話し合いの結果、①ビオトープの池の縁（日当たりの良い水辺）、②作野が丘の階段の上あたり（日当たりがよく乾いたところ）、③ビオトープの川の縁（日影の水辺）の3カ所の違った環境にカヤツリグサを植えることになった。

続いて、カタバミについて話し合った。カタバミは小さな黄色い花をつける植物で、子どもたちになかなか人気がある。3人の子どもが準備していた。こ

の花を植える場所で意見が分かれた。「湿った場所に生えていたから，川の縁がいい」とみほ子。「きれいでかわいい花だから，ビオトープに来た人のよく見える場所がいいよ」と，なお子。かの女は，きれいでかわいいビオトープを作りたいという願いを強くもっている。アイデアプリントにも「この花はきれいだから池のそばの目立つところに植えたい」とか，「21世紀の森のカンバンの近くに植えたい。ここに来る人へのかんげいの意味をこめて」といった考えが書かれていて，かの女の思いがうかがえる。また，ゆか子は「本には，あぜ道に生えてるって書いてあったから，あぜ道に似ている川のそばがいい」と本からの知識によって植える場所を考えた。

　結局，話し合いは「カヤツリグサ」「カタバミ」の2つの植物についてしか進まなかった。静かな雰囲気の話し合いであった。しかし，いつもは発言しない子どもも発言することができていた。この日の授業の一言感想には，「楽しかった」「次も，話し合いがしたい」という感想と，「話し合いはもういいから早く植えよう」「つまらんかった」という2つのパターンの感想がみられた。

　**コメント**　こちらが期待していたような話し合いの深まりはみられなかった。その中で目を引いたのがさえ子の発言である。さえ子は植物についての調べ学習のときに，本当に本に書いてある通りの場所に育つかどうか，他の場所にもカヤツリグサは育つのじゃないだろうか，という疑問をもった。このカヤツリグサについての発言により，「植物の生態に考えを巡らせる」というこちらのねらいに少し近づいた気がする。科学的な視点を子どもたちが多少なりとも意識し，それが授業後の「楽しかった」という感想に表れたのではなかろうか。また，多くの子どもが発言したのは，アイデアプリントを書くことで自分の意見が明確になり，それが自信につながったからだと思われる。しかし，まだまだ「つまらなかった」という感想がみられることから，話し合いを活発にするためにはさらに手立てを講じなければならないだろう。
　　　　　　　　　　　　　　　　　　　　　　　　　　　　　　【井原泰枝】

### 例11　ブタをどうするか　共通テーマで話し合い【5年生】

「くさい，突進してくる，あばれる，すごい勢いでえさを食べる，こわい，かまれた，においがしみつく，世話が大変，せっかく入れたフンをひっくり返す，すごいスピードで大きくなる，大きくなるにつれてくさくなった」とブタを初めて飼ってみた子どもたち。7月19日に生後44日で本校にやってきたときのかわいさはみる影もない。みるみるうちに丸々と太っていくトン吉とさくら。実際，子どもたちがブタ小屋の中に入ろうとすると，おなかをすかせたブタたちは勢いよく扉を押してきた。ブタ小屋に入るのさえこわがる子もいた。ブタは半年で100 kgをこえる大きさになるということで，10月ころには，かなり大きくなっており，飼育している子どもたちから，「このブタどうするの」「どうしたい」「食べちゃう」「ええっ，いやだ。このままずっと飼いたい」「食べるのはいや」「じゃあ，売っちゃおう」……ブタを本当にどうするか，考えなくてはいけない時期になっていることを，子どもたちも感じているようだった。なぜなら，養豚家への取材から，ブタをもし売る場合あまり太りすぎると売れなくなってしまうという知識をもっていたからである。

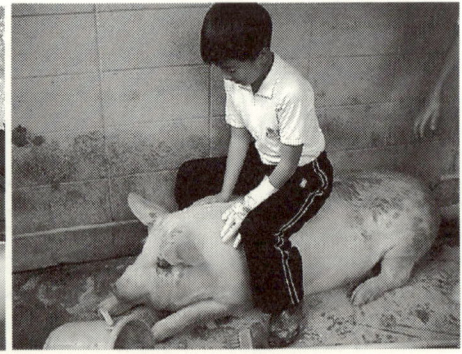

p 2-3-2　トン吉とさくらを飼育

5年生は，「食と農」というテーマで，生産者である専業農家，養豚家，また，将来生産者をめざす安城農林高校，そして，自然食品店，製菓会社などに

取材をおこない，関連する新聞記事について話し合ってきた。体験がなくては，実感がわかない。そこで，田植え，野菜栽培，豚の飼育を学年全員が体験することになった。

　ブタを飼うかどうかの話し合いでは，「今まで飼ったことがないから飼ってみたい」「すごくくさいよ。絶対やだ」などと賛否両論であったが，ブタの生態や飼い方について調べていくうちに，飼ってみたいという気持ちが高まり，ブタの飼育が始まった。

　さて，子どもたちは大変な思いをしてブタを飼育してきた。どんどん大きくなるブタをこれからどうするかという問題について話し合いは始まった。まずは，第1回目の話し合いから，「食べる」「どうやって」「焼いて」「だれが調理するの」「……」「売る」「これ以上大きくなったら大変だから」「世話してくれる人に頼む」「どこに売るの」「養豚家」「結局養豚家からお店に売られるよ」「早くしないと売れなくなってしまうよ」「ブタがどんどん大きくなって困るから売りたい」「大きくなるのは，当たり前。どこかに広い場所を作ればいいんじゃない」。

　「このまま飼い続けたい」「ブタを飼うのは珍しいことだから最後まで飼いたい」「大きい小屋をつくって一頭ずつ飼う」「だれが小屋を作るの」「5年生で」「一生懸命育ててきたから簡単に売りたくない」「せっかく名前もつけたのに」「でも，かわいいと言っている人はいないんじゃないの」「そうじがこわくないように，小屋を作り直せば大丈夫だと思う」「でも，何のためにブタを飼ってきたの」「食と農の勉強のため」「ぼくらの食糧をぼくらの手でということで……」。

**コメント**　どんどん大きくなるブタをどうするかというテーマは，子どもたちにとって切実である。子どもたち全員が飼育を体験しており，どの子も飼育の大変さを実感したうえでの話し合いであるため真剣に考えることができた。こわいとかくさいなどと言っていた子どもたちであるが，「売る」「食べる」という意見に対して，多くの子が拒否反応を示した。続けて飼いたいという意見が強くなったため，

農林高校生のビデオを流し,「ブタに対するかわいいという思いはあるが,かわいそうな気持ちを断ち切って出荷している」という内容の話を聞く機会をもった。しかし,飼い続けたいという子たちの考えは,変わらなかった。

2回目の話し合いにおいては,最初に養豚家の話をビデオで聞いた。「ブタ供養というのがあるが,ブタが一番供養されるのは,わたしたち養豚家がおいしいといって残さず食べてもらえるようなお肉を作ってこそ」。

養豚家の話を聞いて,「ブタはおいしい肉になることが幸せ」「売らないと死んでしまったとき売れなくなっていてかえってかわいそう」「でも,長生きした方がいい」「売ると早く死んでしまうからかわいそう」「死ぬのと殺されるのとはちがう」「肉になるためにブタはいる」「肉にならないブタがいてもいい」「ブタは肉になりたくはないんじゃないかな」「農林高校生にもブタの飼い方について聞いたんだから飼い続けたい」「ブタの勉強ができる」「勉強といっても,『ぼくらの食糧は　ぼくらの手で』というのがテーマなんじゃないの」「ブタの面倒をみたくない人は多いと思う」「育てたい人だけで育てる」……というわけで,2回目も収拾がつかずに終わった。売りたいという意見の子は数こそ少ないが,このまま飼うという子に対して現実的な考えをもって発表した。

　**コメント**　2回目の話し合いでは,前回の話し合いをもとに自分の考えを確かなものにしたうえでの発言が増えた。また,養豚家の話を聞くことで,売るという意見の子がさらに自信をもつことができたようだ。話し合いが終わるころになると,子どもたちはブタのことで話し合いをすること自体を楽しむことができた。真剣に考えた意見を言い合うこと,そして,友だちの意見に反論することに意義を感じることができているようだった。

3回目の話し合いは,秋田県の小学校で総合学習として鶏を解体して食するという新聞記事(朝日新聞,2001年11月13日付)についてどう考えるかである。ここでは,実際に自分たちが鶏をどうするべきかというわけではないので客観的に考えることができた面と,自分たちが育てているブタに置きかえて考えることができた面があった。ブタは飼い続けたいけれど,この記事の話し合いで

は鶏を食べることに賛成という子もいた。

「目の前でさばくのはダメージが大きいから反対」「育ててきたものはかわいがってきたし，かわいそう。そんなのこわくて食べられない」「食べられる人だけ食べればいい」「昔は家でさばいたということだし，一つの勉強であるという意見に賛成」「育ててきたからこそ食べるべきだ」「育ててきたものをおいしいと食べられるの」「ペットとはちがう。かわいがるために飼ったのではないよ」「初めのめあては食べることだったはず」「食べるためには殺さなくてはいけないけど，子どものうちはショックが大きいと思う」「でも，みんないつもトリ肉食べているよ」「育てていないから食べられる」「育てる人，さばく人がいるから食べられる」「食べる食べられるの関係だから仕方ない」「食べるときにはありがたみをもって食べるべきだと思う」。

こうして，たくさんの意見がでたが，飼っているブタをどうするかについて結びつけて，ひとつのみんなの納得する意見にまとめられなかった。

**コメント**　自分たちの目の前にいる生きたブタを話し合いのテーマにしたことで，ふだんあまり意見を言わない子がたくさん発言する姿をみることができた。養豚家や農林高校生への取材活動やビデオメッセージで生の声を聞く機会をもち，ブタを飼育した体験をもったことで，何を学びとるのかということを感じながら話し合いを進めることができた。しかし，話し合いの途中で売る時期がきてしまった。子どもたちは自分たちで話し合ったことをもとに行動したという実感をもつことなく，結局ブタを売ることにした。そこに，納得いかない気持ちを抱く子どもたちがいたことは否めない。だが，きらめき学習での話し合いの経験から，国語のディベートでも意見を活発に出せるようになったと感じる。また，人間が生きるために生き物を育てて食べているということを考える機会がもてたことに意味はあったであろう。

「ブタを飼ってみて」の作文

　10月29日からブタのことについて話し合った。「食べる」「売る」「そのまま飼う」にみんな分かれた。ぼくは「そのまま飼う」がいいと思った。けれど、12月5日に売られることになり、ぼくはちょっと残念に思う。でも意見はさまざまだ。ブタは売られた方がよかったのかと思う。もっと飼育したかったなあとつくづく思う。もっと話し合いをしてくれればなあ。

　話し合いのはじめのころは、ぜんぜん言えなかった。言いたかったのに。でも、トン吉とさくらのおかげだった。
　最初はずっと飼っているんだと思ってた。でも、何日も話し合いが続いていった。ある日「ブタは120kgをこすと売れないよ」と言ったしゅんかん、何か思いが変わった。「売りたい」わからないけど、口が言っちゃった。本当は自分の思いがわからない。でも何となく話し合いが大好きになった。

【浅田文代】

## 例12　食の安全性を考える　—パネルディベート—【5年生】

　5年生では、食と農をテーマに総合的学習をすすめてきた。学校農園での野菜の栽培、ブタの飼育、地域の食に関する人・店への取材（第1回・第2回）などの活動をおこなってきた。そして、第3回目の取材（アイガモ農家・自然食品店・専業農家・安城農林高校・養豚家・無農薬有機栽培農家・生協・製菓会社）で、農薬の使用や、遺伝子組み換え食品などについて話を聞き、それをもとに食の安全性について考えていくことになった。

　子どもたちに、2枚の写真を提示した。1枚はスーパーで売られているようなきれいなナス。もう1枚は、子どもたちが学校の農園で栽培をしたナス。そのナスは見事に曲がっており、とてもスーパーの棚に並べられるようなものではなかった。

　子どもたちは、写真を見て「すごい曲がっ

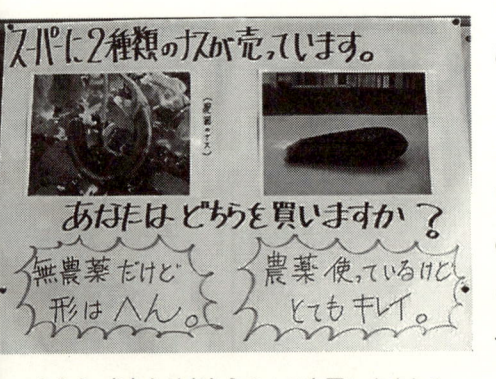

p2-3-3　あなたはどちらのナスを買いますか？

てる」「おもしろいかたちをしているね」「ぼくのナスもこんなかたちだったよ」と発言した。

次に,「もしもスーパーにこの2つのナスが並んでいたらあなたはどちらのナスを買いますか」と質問をした。すると,「農薬を使えばあんなに曲がっているものはできないと思うな」「曲がっている方は虫が食ってそうだな」「自然食品店の人は,虫に食われているのはおいしい証拠だと言っていたよ」「でも,虫に食べられていると食べる気にならないよ」「農薬を使ってなくてもきっときれいなナスもできると思うよ。有機栽培農家の野菜はきれいだったよ」と,子どもたちが発言した。

**コメント** どちらの野菜を買うかどうかはおよそ同数の意見であった。実際買う時に,みた目を優先するのか,それとも体によいことを優先するのか意見を交わし合いながら話し合いを進めることができた。自分たちが農園で野菜を育てた体験や取材したことをもとに意見を言う子も多く見られた。そのなかで,みた目も大切だが,健康によい,味がよいということを意識して栽培をしている農家の人たちがいることを考えることができた。ただ,子どもたちが農薬の害をどこまで理解しているのかについては疑問が残った。

次に,子どもたちは2種類のスナック菓子を食べた。1つはスーパーマーケットやコンビニエンスストアでよくみかけるスナック菓子。もう1つは,子どもたちが取材に行った製菓会社(原材料など,安全性に気をつけている)のスナック菓子。「みんななら,どちらのスナック菓子を買いますか」と質問した(前者をAのお菓子,後者をBのお菓子とする)。

子どもたちは,「Aのお菓子の方がおいしい」「Aのお菓子はおいしいけど,Bのお菓子は自然の塩や国内産のものを使っているよ」「安心して食べられると思うな」

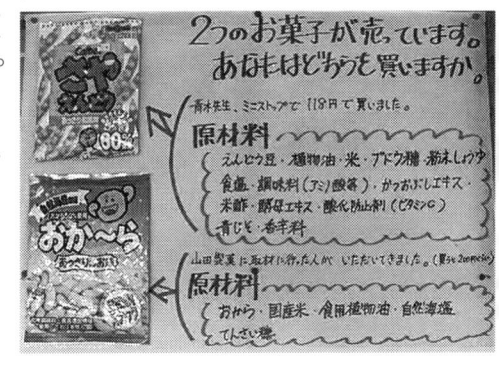

p 2-3-4 あなたはどちらのお菓子を買いますか？

「添加物は心配だけど，やっぱりおいしい方がいいな」「Aのお菓子は味もこいよね」「Bのお菓子は，体に悪いものが入っていないけど，高いから買わない」「外国の材料を使っていないよ」「外国の材料だとどうしていけないの」「輸入する時にたくさんの農薬が使われるんだよ」「遺伝子組み換え原材料は使用しておりませんとちゃんと書いてあるよ」と発言した。

**コメント** 食べてみるという活動はとても効果的であった。その場で食べた味のイメージをもって話し合いを進めることができた。Aのお菓子を買うという子の方がかなり多かった。食品添加物についての知識が乏しいことから，味やにおいが濃い方がおいしいという意見が多かった。ただ，製菓会社へ取材に行った子はBのお菓子を支持した。その製菓会社の人の願いや苦労を，直接聞いているだけに思い入れもあったのだろう。その考えについて，全員がより真剣に考えていけるといいと感じた。

教室の座席は，3つのグループに分かれていた。生産者・消費者・販売者のグループである。生産者グループには，主にアイガモ農家，有機栽培農家，専業農家へ取材に行った子が入り，販売者グループには主に，生協，自然食品店へ取材に行った子が属した。消費者グループの子どもたちは，事前にお母さんたちにアンケートをおこなっていた。

3つのグループは，それぞれの立場で農薬使用について考えた。

生産者：「無農薬で広い畑や田をやるのはたいへんだと思う」「鳥や虫に食べられるくらいなら農薬を使った方がいい（子どもたちが育てたバケツ稲が上手に育てられなかった体験からうまれた意見だろう）」「虫に食われて収穫できなかったら意味がない」「もし，病気に感染してしまったら全部だめになってしまうのではないかな」

消費者：「無農薬，国内産の食材ばかりでは，1カ月に1人15万円から20万円ぐらい食費がかかるそうだよ」「いくら安くても体に悪い物はいやだな」「売るときに表示してくれると買いやすい」「輸入ではない，国内産のお米や野菜を売ってほしい」「国内産のものばかりを食べていると，外国の人が怒ると

思うな」

販売者:「無農薬の良さをもっとみんなに知ってほしい」「形だけでなく,味をもっとわかってほしい」「少し値段が高くても安全なものを買ってほしい」「自然の食品をもっとたくさん作って,みんなが買うようになれば値段も安くなるんじゃないかな」

**コメント** 三者が意見を交わし合いながら話し合いを進めることができた。子どもたちは,自分の考えで意見を発表していたが,取材した人たちの思いがその意見の裏づけになっていたように思う。だから,それぞれの立場の人の意見を代弁して発表する場になっていたのではないだろうか。そのなかで,自分の意見と友達の意見を照らし合わせながら農薬の使用,安全な食品について考えを深めていけたと思う。話し合いの最後には保護者の方から日ごろ買う時に気をつけていることや,子どもの体の安全を気づかっていることなどを話していただいた。立場を分けてから,話し合いをおこなうまでに工夫が十分でなかった。立場にこだわって意見を言うよりも,自分の立場以外でも意見を言いたいという気持ちがあったように思う。

**授業後の児童の感想**

- 今日は,とてもたくさん意見を言えてよかったと思います。みんなもいろいろな意見をもっていて,とても上手に発表していたと思います。
- 自分の考えていることと,まったくちがう意見を言っていた。やっぱり,思うことがみんなちがうんだなと思いました。
- お母さんたちは無農薬かどうか,国産かどうかなど体の心配をしていた。毎日,「安全」「値段」「量」などを考えているんだな。とてもたのもしい。
- お母さんたちがいろいろなことを教えてくれて,ちゃんと安全のことを考えてくれていることがわかった。
- 私たちの食べる物も,だんだんあぶなくなってきたのがわかった。無農薬というのは口で言うのは簡単だけど,本当にやるととても難しいのだろうな。

【青木俊樹】

## 例13　一つの命をめぐって　―パネルディベート―【6年生】

きらめき学習で6年生の子どもたちは「命」をキーワードに誕生・健康・戦

争・脳死・自殺・介護の6グループに分かれて追究をすすめた。介護・健康・脳死の3グループが新聞記事から情報を集めていた。なかでも脳死グループはコラムや休日版の新聞にも目を通し，積極的に記事の収集に取り組んでいた。そして中日新聞の連載記事である「娘が脳死になった」(p 2-3-5)をみつけた。臓器移植を希望する本人の意思とその家族の意思がかならずしも同じとは限らない，という記事の内容に対し，「自分が家族の立場だったらやはり反対した」「いや自分だったら本人の希望をかなえてあげるだろう」と脳死グループのなかで意見が分かれた。子どもたちは，別のグループにも意見をもとめたいと考え，この記事を学級全体に紹介した。また今回，専門的な知識にもとづくアドバイスをもらうため，わたしと養護教諭とのティームティーチングで学習をすすめることにした。

新聞記事の要旨：愛知県の病院で法的な脳死判定がおこわれて1カ月あまり。判定を受けた10代後半の女性は同県の17歳の女子高校生だった。脳死になったら臓器を提供しようとした彼女の願いは判定作業の中止によってかなうことはなかった。交通事故で入院をしてから息を引き取るまでの8日間，彼女の家族が味わった悲しみと苦悩は大きなものだった。娘や自分たちの思いを伝えようと家族は語り始めた。

p 2-3-5　1999年12月14日，15日付の中日新聞記事「娘が脳死になった」

　この記事が全体に紹介された翌日，健康グループの子どもは取材先の安城保健所で，また介護グループは薬局で「ドナーカード（＝臓器提供意思表示カード）」(p 2-3-6)をみつけ，カードを持ち帰ってきた。記事の内容やカードについて興味をもつ子どもが多数いたため，臓器移植の是非について学級討論会をおこなうことにした。学級全体で再度新聞の連載記事を読んだ。わたしは記事のイメージ画を描いて掲示し，子どもの関心が高まるように支援した。記事の中に出てくる「脳死判定」「レシピエント」等の専門用語は，脳死グループが

第 3 節　錬磨の場　73

これまでの追究を生かして解説し，養護教諭が補足した。臓器移植に対する意見は，賛成・反対がほぼ同数であった。この問題には正答がない。どちらかの結論を出すことよりも，多様な立場に立って考え，意見交換によって深めていくことが大切である。そこで

p 2-3-6　ドナーカード

「ドナー」「ドナーの家族・賛成派」「ドナーの家族・反対派」「レシピエント」の4つの立場のうち，希望するものに分かれて考えを述べ合うことにした。以下の座席表を作成して子どもの考えを把握し，話し合いの支援に生かせるようにした。

| ドナー：臓器提供をする側 | | | ドナーの家族：反対する側 | | |
|---|---|---|---|---|---|
| 死んでしまって焼いて灰になる位なら病気で臓器をほしがっている人にあげたい。まだ生きられる可能性のある人にあげたい。〈翼〉 | 人の手助けをしたい。ドナー登録を増やすために新聞やテレビで知ってもらうようにする。 | 病と闘っている人の役に立ちたい。反対されても振り切る。〈瑞江〉 | 登録したいといっても家族だし家族の臓器を切り取られるのはいやだから。 | 家族の体を切られるのはつらい。できればすべての臓器が残ってきてほしい。〈智也〉 | 世のためといって何でもするのはよくない。ただでやるのもだめ。 |
| 死亡しても移植したら，（その人の中で）生きていることができるし，レシピエントの人も助けられる。〈美希〉 | 自分が死んでも病気と闘っているいろんな人の役に立てるなら助けてあげたい。〈千里〉 | 脳死で移植になっても人の役に立ちたかった。レシピエントを助けたい。 | 家族が八つ裂きみたいにされるのは見たくない。人のことを考えるより自分のことを考えてほしい。〈逸樹〉 | もし，家族の誰かがドナー登録をしたいといったら絶対に止めたい。こっちの気持ちも考えてほしい。〈寛人〉 | 家族の一部が人の手にわたるのがいや。だからだめ！という。失礼だと思うけれどできません。〈尚喜〉 |
| 病気で苦しんでいる人を助けてあげたい。反対されたら「自分が病気で移植しかないときにいらないって言えるの？」っていう。 | 何もしないよりも何か他の人を助けしてもらいたい。家族の反対にあってもやらせてくれるまで待つ。 | もし脳死になってしまって停止前でも人の役に立ちたいから。私は元気だったからあげたい。〈智代〉 | 死んだらもう使ってないからあげてもよいと思う。人の役に立つのはいいことだよといって応援する。 | ほんとうは家族の心臓などが他の人の体に行くのはいや。でも家族がドナーになりたいというから。 | 本人が希望しているのならその気持ちを大事にしたい。認める。〈憲吾〉 |
| ドナー登録をしてもらうためにビラ配りとか宣伝してみんなに興味を持ってもらうようにしたい。〈望〉 | お医者さんに呼びかけを手助けしたい。人が死ぬのを待っている訳じゃないから，と伝えたい。〈祐子〉 | ドナー登録をしてもらうためにとにかく説得してまわる。もらえたらありがとうといいたい。心からいいたい。 | その人は人のためにやろうとした。したことはすばらしい意思だ。自分の意思でやるといったので賛成する。〈舞〉 | 登録をした人がそれだけ思いやりがあるということだから賛成した方がいい。 | 別にドナーが（移植が原因で）死んでしまうわけだからがんばれと応援する。反対しない。〈智恵美〉 |
| レシピエント：臓器を提供される側 | | | ドナーの家族：賛成する側 | | |

パネルディベートが始まった。その様子は次のようであった。

教師1：臓器移植についてどう考えますか。ドナー本人の立場としての意見を聞かせて下さい。
翼　：死んでしまって焼いて灰になるなら欲しがっている人にあげたい。
寛人：反対派としては，もらうのは助かるけれど，あげるのはいやだ。
教師1：正直な所だよね。
智也：ドナーの家族としては体を切られるのは悲しいよ。
教師1：家族は反対してます。ドナー側はどう説得するの。
瑞江：悲しいかもしれないけれど，この体は自分のものだから自分の好きにさせてほしい。
教師1：臓器移植についてどう考えますか。ドナー本人の立場としての意見を聞かせて下さい。
翼　：脳死になったらいずれ死んで，焼かれるんだから臓器をあげてもいいと思う。
智恵美：「体を切られる」と言ったけれど（移植は）手術と一緒みたいだと思う。ばらばらにするわけじゃない。
舞　：人のためにやるのはすごい，死んでからも役に立とうとするなんてすごいこと。だから認めてほしい。
智代：1人が死んで臓器をあげずにいたら，レシピエントまで死んで，結局2人死んでしまうことになるじゃない。
教師1：ドナーの家族で反対派はどう思う？
智也：ドナーの言うことは正しいと思うけど，家族の気持ちになるとやっぱり体を切られるのを見るのは嫌だ。
逸樹：家族の臓器がなくなって骨と皮になるのは嫌だ。
美希：内蔵とか他の人にあげちゃうって言ってたけど，レシピエントの体の中で生きてることになるんじゃないの？　いいじゃないの。
祐子：私はレシピエント側だけど，無理やり臓器がほしいわけじゃないと思う。いいと思う人だけからもらいたいし，もらったら大切にする
智也：そもそも脳死ってほんとうに死んでいるのかなあ。
教師1：脳死は死と認めないということ？
教師2（養護）：脳死についてちょっと確認してみるよ。脳死は脳幹も死んでいるから心臓を自分で動かすことができないんだったよね。機械で心臓を動かすことはできるけど，ずっと生き続けられるわけではないです。体力が落ちていずれは亡くなるの。そこからもとに戻る可能性は1％しかないんだよ。
智也：1％の可能性でも家族はかけたいと思う。

望　：ちょっと聞きたいんだけど，ただ機械で生きているだけだったら，移植するよりも悲しいと思う。
教師1：ドナーの家族で反対派の意見が聞きたいな。
尚喜：賛成派のみなさん。例えばあなたの大切なおもちゃがあったとしましょう。おもちゃは2つあります。自分のと隣の子のです。おもちゃは乾電池を2つ使います。2つ乾電池がないと動きません。でも貧乏で電池は新しく買えません。もし，電池が1つずつ切れてしまったら，あなたはどうしますか。隣のをとって自分のだけ使うんですか。もらう人だけ良い思いをすればいいんですか。
智代：でも，もうドナーの体っていうか，今いってるおもちゃ？　自分のおもちゃは使えないんだよ。
（以下討論は続く）

p 2-3-7　ドナーの家族・賛成派と反対派の話し合いの様子と討論後の感想

　ぼくはドナーとか経験したことがなかったので軽く考えていたが，他の立場の人の意見を聞いて少しわからなくなった。でも，やっぱり脳死になったら病気で移植しないと助からない人の命のために移植をした方がいいと思う。
〈翼〉

　一つの命はすごく大切で臓器移植は難しいと思った。最初は反対派だったけどドナーやレシピエントの意見を聞いて迷った。もっと話し合いをして考えていかないとと思う。
〈智也〉

　討論の最後に，養護教諭が，父親が臓器移植の意思を示して亡くなり，思い悩んだという体験談を語った。子どもたちは真剣に聞き入り，自分のことに置きかえて考えていた。わたしは，討論会後の感想を学級通信にのせ，互いの考えを知るようにした。この後，脳死グループは，さらに，医者としての意見を聞くことを目的に，病院の脳外科医への取材に出かけた。また，保護者の立場での気持ちを知りたいと考え，6年生の保護者へのアンケート調査をおこなうなど，多面的な追究をすすめた。

**コメント** 授業記録では日頃は人の意見に耳を貸さない翼が，智也の意見を熱心に聞き，さらに意見を求めていた。尚喜はおもちゃと乾電池にたとえながら，相手にわかるように伝えようとしていた。また，ふだんの授業では発言力のある5，6人の子どもが話し合いをすすめがちであったが，今回の討論会では半数以上の子どもが発言をしていた。座席表と授業記録を比較すると，討論がすすむにつれ，「準備していた言葉」ではなく，そのとき，その瞬間の自分の考えを述べているのがわかる。賛成か反対かの2つではなく，今回のように多数の立場で意見を述べる活動は，子どもたちの考えを深めるのに有効であり，錬磨の場として互いの考えを磨き合うよい機会であったと考える。

【野田恵美】

**例14　アドバイス会でレベルアップ！　―相互評価―【3年生】**

　3年生のきらめき学習「つくろうよ　作野の里にせせらぎ　水の駅」の単元では，学区の自然探検で見つけたことやわかったことを探検グループごとに学年全体の前で発表する場を設けた。クラスで学年発表会の準備をすすめるうちに，「どんな工夫をすると聞く人が興味をもって聞くだろうか」という意見がもちあがり，発表の仕方についての作戦会議を開くことになった。探検グループごとに自分たちの発表方法を提案し，その方法のよい点を見つけ，アドバイスをし合うことになった。アドバイスの視点については，子どもたちがそれぞれの得意な分野を生かして，以下のような4つのチームに分かれておこなった。このチームはアドバイス会独自のチームであり，発表をおこなうグループとはメンバーが異なっている。

> イラストチーム：発表で使う絵や地図・絵本・紙芝居やポスターなどのイラストが見やすいか，伝わりやすいかを見たり，アドバイスをしたりする専門家。
> ミュージックチーム：提案された発表の中に音楽が使われている場合はそれが目的にあっているか，使われていない場合はBGMや効果音などを入れた方がよい部分を見つける専門家。
> プロデューサーチーム：発表全体の流れや説明の言葉，劇のセリフがわかりやすいか，声の大きさはどうかなどチェックし，アドバイスする専門家。

> よしもとチーム：聞く人・見る人が楽しめるような工夫をしているかもっと楽しくする方法はないかなどをアドバイスする専門家。

　アドバイスのチームごとに座り，アドバイスをする内容を相談してもよいことにした。また，よい点を発表するときは「いいねえ」のカード，アドバイスをするときには「アドバイス」のカードを出して，どの子どもがどんなアドバイスや意見をもっているのかをわかりやすくした。ミュージックチームは音の専門家として，数多くの効果音CDとCDプレーヤーをそばに置き，すぐに紹介できるようにしていた。視点を具体的に決めたことで，作戦会議に対する意欲の向上がみられた。会議が始まった。わかったことをクイズ番組のようにして発表しようとしたグループの発表に対して以下のような話し合いがおこなわれた。

p 2-3-8　アドバイスカードを使う子ども

> 教師：では，ミリオネアグループのみなさん，発表方法を前で提案してください。どうぞ。
> 貴樹：ぼくたちはわかったことをテレビのクイズ・ミリオネアのように，答えを4つにして，「ファイナルアンサー？」と聞いたりして答えてもらうようにしたいです。
> 良太：一度，例でやってみます。
> 　　　（司会役と答える役の子どもがでてくる。司会役は手製のマイクを持っている）
> 雄平：「ホタルのやかた」でぼくたちがみつけたものは次のうち，どれ。Ⓐトンボ・Ⓑカワニナ・Ⓒスズメ・Ⓓカエル
> 良太：うーん，Ⓓのカエル？
> 雄平：ファイナルアンサー？
> 良太：や，やっぱりⒷ，Ⓑのカワニナ！
> 雄平：Ⓑ，ファイナルアンサー？

良太：ファイナルアンサー！！
雄平：（間をあけて）うーん，正解！
貴樹：という感じでやりたいです。全部で7問やりたいです。
雄平：何か質問やアドバイスはありませんか？
　　　（一斉にアドバイス・いいねえカードがあがる）
　弘：（よしもとチームのいいねえカードの児童が指名される）「ファイナルアンサー？」と聞くところがおもしろいし，言い方が上手だった。
茉莉：（プロデューサーチームのいいねえカード）<u>4つの中から選ぶのが答えやすくていい</u>と思いました。
万里花：（ミュージックチームのアドバイスカード）おもしろいけど，<u>考えるときになんか，しーんとなるのでBGMを入れるといいと思いました。児童朝会でやるように。</u>
達平：（ミュージックチームのアドバイスカード）ここにCDがあるし，放送室にもたくさんあったよ。聞いてるとなんかおもしろくなるよ。
真司：（プロデューサーチームの挙手）質問だけど，問題を出す人はいつも一人でやるの？
雄平：交代でやります。
教師：ほかに質問やアドバイスはありますか？
梨沙：（ミュージックチームのアドバイスカード）<u>さっきCDといっていたけれど，音楽の授業の時にオルガン？　あ，キーボードか，それでいろいろな音が出せたからそれを使ってもいいと思います。</u>
貴樹：（イラストチームのアドバイスカード）イラストチームてすが，<u>Ⓐトンボとか Ⓑカワニナとかのカードをつくると選ぶときに忘れないと思います。</u>

　上記の記録下線部のようにプロデューサーチームから4択にしたことをよい点として認められた。ミュージックチームからは答えを考えているときに何か音楽を入れるとよいことを，さらにイラストチームからは，「問題をいうのが早いのでカードに番号と答えを書いた方がよいのではないか」とアドバイスされている。その結果，相互評価カードの「次の時間にやりたいこと」の欄には，「音楽を探す」「問題の言い方をわかりやすく言えるようにする」「番号のカードをつくる」などの記入がされていた。「がんばって発表する」という抽象的な表現ではなく，きわめて具体的である。

第3節　錬磨の場　79

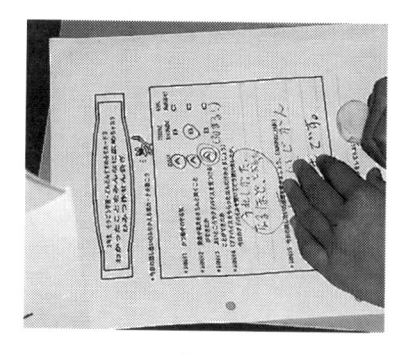

p 2-3-9　相互評価カード　　　p 2-3-10　記入する子どもたちのようす

次のチームは紙芝居で学区探検の様子を伝えようという提案であった。

| | |
|---|---|
| 教師： | 次に絵本グループの人たちの発表方法を教えてもらいましょう。どうぞ。 |
| 絵理： | 私たちはグリーンロードにいった子が多いので，そこで見つけたことを絵本で発表したいと思います。 |
| 結： | 少し読んでみます。（グループの4人の子が交代で絵本を読む）【中略】 |
| 教師： | 物語としては，まだ途中だそうです。これからどうしていくともっとよくなるか，みんなのアドバイスがとても参考になると思います。 |
| 絵理： | 何かアドバイスや質問はありますか？ |
| | （今回はいいねえカードよりアドバイスカードが多くあがる） |
| 健： | （プロデューサーチームのアドバイスカード）もう少し大きな声で読んだ方がわかりやすいと思います。 |
| 絵理： | もう少し読む練習をしたいと思います。 |
| 良一： | （プロデューサーチームのアドバイスカード）セリフのところをちがう人が読んだ方がいいと思う。学芸会の時みたいに役を決めて。 |
| 絵理： | 絵本を見ないとセリフがわからないし，おぼえるのに時間がかかってしまうから……。 |
| 裕太郎： | （よしもとチームのアドバイスカード）コピーしてもらって4つ作ればいいよ。 |
| 良太： | （よしもとチームのアドバイスカード）それかなるべく大きい声の人がセリフを言う。 |
| 教師： | 文章の分担を決めるといいみたいだね。声の大きさ以外のアドバイスがあるチームは？ |
| 佐知子： | （よしもとチームのアドバイスカード）途中で○×クイズがあるけど，そこのときだけBGMを入れるといい。ミュージックからかりて。今はクイズだよ～ってわかるから。 |

> 貴樹：（イラストチームのアドバイスカード）○×のカードがあるといい。答えは，ノーとかできる。
> 教師：たくさんのアドバイスがでてきたね。ふりかえるくんカード（評価カード）にメモしておくといいですね。

　前ページの記録の下線部のように，声の大きさや役割分担についてプロデューサーチームから指摘を受け，さらによしもとチームから発表を楽しくするために「ミュージックチームからCDを借りてはどうか」というアドバイスをもらっている。このようにアドバイスをもらった側は，自分たちが指摘されたことに対しても意識が高くなるため，他のグループの発表方法を聞く際に集中するようになる。また，別の子どもがもらっているアドバイスを自分たちの発表に新たに組み入れようという動きも見られた。

　　コメント　よさを見つけ，アドバイスをするという場は，その活動の意味や位置づけを明確にし，次の活動の方向性を見いだす効果があった。今回は同じクラスの子どもたち同士の相互評価であったが，専門家や町の先生，保護者や異学年の子どもからの評価やアドバイスをもらう場を設定することも有効な相互評価となりうる。また，子ども自身の得意分野に焦点をあて，「自分は○○のプロである」という意識をもたせたことは，ふだん発言をあまりしない子どもにとってよい刺激となった。授業の最後に記入した彼らの評価カードに話し合いのメモが見られたからである。しかし，今回の４つの視点は教師側が与えたものである。「ぼくは○○という視点でアドバイスを考えたい」という主体的な活動につなげるための教師側の支援を再考したい。
　　　　　　　　　　　　　　　　　　　　　　　　　　　　　　　【野田恵美】

## 第4節　自己表出の場

### 例15　幼稚園児との交流【1年生】

「幼稚園の子に生活科で勉強した秋のことを教えてあげよう」と子どもたちに提案したとき，喜びの声があがった。「わたしの知ってる子が来る」と嬉しそうに言う子もいた。

幼稚園の子に喜んでもらえるように，お店を開いて，秋のことを教えてあげることにした。しかし，1年生の子には，どのようなお店にしたいかがわからない。そこで，今まで学習したことを振り返り，できそうな秋のお店を提示した。すると，子どもたちは次々に声を発した。「虫クイズをやりたい」「どんぐりクッキーを作りたい」「どんぐり入れがおもしろい」。

希望のお店ごとに，グループに分かれた。いつもは，好きな友だちとやりたいという子が多い。しかし，幼稚園の子に教えてあげたいという気持ちが強いために，好きな友だちから離れても，自分のやりたいお店を希望した子が多かった。

そのなかで次郎は，「どんぐりでくじを作りたい」と言った。次郎は，友だちとのかかわりを苦手としている。休み時間には本を読んでいることが多い。そのため，知識は豊富である。

どんぐりでくじをやりたい子は他に2人いた。計3人を1つのグループにした。

お店の種類は，「木のクイズ」「虫のクイズ」「宝さがし」「どんぐりクッキー」「どんぐり入れ」「くじ」「的当て」の7つとなった。

お店の準備の時間には，いくつかのグループでいざこざがおこった。どんぐりクッキーチームでは，「久美がやりたいのにやらせてくれない」と洋子が怒っている。久美は，活発でリーダー的な存在である。洋子も意欲的である。どん

ぐり入れチームでは,「やらせてくれない」と日頃あまり自己主張しない正憲が泣いている。ところが,的当てチームの美加は「わたしたちのチームはなかよくやっているね」と,楽しそうである。

生活科の時間が終わっても,看板作りや景品作りに夢中になり,「休み時間をとりたくない。準備を休み時間にやってもいいですか」と,意欲的に取り組む姿があちこちにみられた。

次に,どのようなお店にするか発表して,お互いにアドバイスしあう時間を設定した。アドバイスの観点として,幼稚園の子を意識して,「楽しいか」「わかりやすいか」「勉強になるか」の3点にしぼった。

次郎は,「段ボールの中のどんぐりをとって,赤く塗ったどんぐりがとれたら当たりで,2回できる。当たったら景品にその赤く塗ったどんぐりをあげる」と発表した。発表はわかりやすく言えた。しかし,他の子から質問やアドバイスはなかった。そこでわたしが,「当たりのどんぐりをあげると当たりがだんだん少なくなるね」とアドバイスをすると,「当たりのどんぐりをたくさん作る」と考えることができた。

久美のグループは,どんぐりクッキーの作り方を紙芝居で発表した。準備のときには,クッキーをやいている絵を描きたい子が多くて,もめていたグループである。しかし,6人で協力して上手に発表することができた。

p 2-4-1 幼稚園児との交流

久美は,「きてくれた幼稚園の子に名前を書いてもらう。書けない子には,わたしが書いてあげる」と言った。他のグループでも取り入れるところがでてきた。

子どもたちの感想は,「声が大きくてわかりやすかった」「楽しそう」というものが多かった。どうすれば他のお店がもっと楽しく

なるのかを教えることは，1年生にはむずかしいようだった。

　ついに，幼稚園の子を招待する日がやってきた。子どもたちは大張り切り。「たくさんきてくれるかな」と期待と不安の声が聞かれた。

　はじめに，どんぐりくじのところに幼稚園の子が並んで大人気だった。次郎は，「ならんで。くじをひいて」と笑顔で指示していた。

　どんぐりクッキーのグループは，その場でクッキーを作ったので，幼稚園の子がたくさんきた。グループの子がみんなクッキーを作りたがっていたのを知っている久美は「どんぐりクッキーを作っていいよ」と言って，自分が作りたいのをがまんして，他の子にやらせてあげていた。やりたがりやの久美だけど，グループの子にやさしく接していた。

> 　わたしは，どんぐりクッキーを作りました。40人以上はきてくれました。それでクッキーはだいたいなくなりました。だいたいの子が，「おいしい」と言ってくれて，とてもうれしかったです。　　　　　　　　　　　　　　　　　　　　　　　（久美）

　人気のない「的当て」のお店の子に，幼稚園の子を呼んでくるようにアドバイスした。そのグループではチケットを渡していた。お店が奥まったところにあるせいか幼稚園の子は少なかった。わたしは，「的当て」のお店の子は，淋しい思いをしただろうと考えた。しかし，次のように，楽しかったと感想を書いていた。

> 　僕は，今日幼稚園の子と遊んだよ。的当てをしたよ。けど，3人しかこなかった。券を配った3人がきて良かった。その人はみんな男の子だった。けど，すごくすごくすごく，おもしろかった。　　　　　　　　　　　　　　　　　　　　　　　　　（正憲）

　秋の学習のまとめとして，グループ新聞を生活班で作った。

　一人一人が，学習して楽しかったことや勉強になったことを書いた紙を，四つ切画用紙に貼り付けて作ることにした。初めての新聞作りは，戸惑う子も多かった。やり方がわかってからは，絵や記事を書きすぎて，記事を貼りたいの

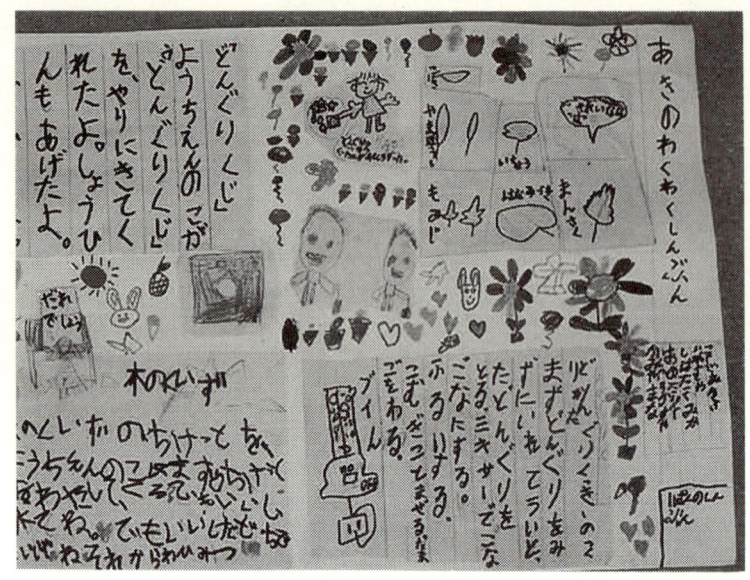

p2-4-2　グループ新聞

に貼るところがないというグループもでてきた。
　新聞の名前を「秋のみのり新聞」とか,「秋のわくわく新聞」とつけていたグループがあった。子どものアイデアに感心し,「楽しそうな新聞だね。だれが考えたの」と聞くと,「ぼくが『秋のわくわく新聞』と考えたよ」と次郎が得意そうにこたえた。新聞も班で協力して作ることができた。友だちとのかかわりが苦手な次郎が生活科の学習を通して,友だちと協力して活動する楽しさを味わうことができた。その後次郎は,友だちと休み時間にかくれんぼをして遊ぶ姿が見られるようになった。

　**コメント**　1年生は,当然のことだが,大きい子からいろいろとお世話をしてもらうことが多い。しかし,幼稚園児との交流で,自分たちでも小さい子に対して,楽しいことをしてあげることができたという満足感をもつことができた。充実感があったため,幼稚園児が帰った後,すすんで汚れた体育館を掃除する子の姿がみられた。
　招待する会が終わってから,幼稚園の子からお礼の手紙が届いた。それを,子ど

もたちに紹介し，教室に掲示すると，「喜んでもらえて，良かった」という声が聞こえた。幼稚園児との交流が終わった日の「あのね帳」には，いつもよりも長く書く子が多かった。

【角山春樹】

## 例16　お手伝い名人技披露【1年生】

### 1．名人わざはっぴょうかいめざしてがんばったよ

　1年生の美保は，生活科の「お手伝い」に関する単元のなかで，「おこめとぎ名人」をめざして，1週間の修行を積むことにした。修行の様子はしゅぎょうカードに書き込まれていった。

m 2-4-1　おこめとぎ名人へのみち　しゅぎょうカード（美保）

| 日にち | できた | 自分で | かんそう（おもったこと，おしえてもらったことなど） | おうちの人のことば（くふうした，くろうしたじょうずだったところ，アドバイスなど） | 先生より |
|---|---|---|---|---|---|
| 12/1（金） | ◎ × | ◎ ○ △ | さいしょの水は，はやくすてる。むずかしかったよ。 | おこめをこぼさずに，水をすてることができました。 | さいしょの水ははやくすてたり，おこめをこぼさないようにしたり，おこめとぎはタイミングもたいせつなんですね。 |
| 12/2（土） | ◎ × | ◎ ○ △ | おこめをいれるこめびつのボタンをおすのが1・2・3とあって，2をおしてみたら，2を3か4かいおしてしまいました。そんなことをやったことがないので，3か4かいおしてしまいました。 | ボタンをおすのがわからず，おこめをのこさずだそうとして，なんどもおしてしまったね。1かいだけしっかりおせばいいことが，わかったね。 | がんばりましたね。 |
| 12/4（月） | ◎ × | ◎ ○ △ | おこめにまだよごれがあるとおもったけど，おかあさんが「いいよ」といってました。 | おこめをこぼさず，水をすてることができました。 | おこめのぶんりょうをはかるところも，みほさんがやっているのですね。つめたい水にもまけずやれていてかんしんです。 |
| 12/5（火） | ◎ × | ◎ ○ △ | おこめはちいさくて，あんまりみえないからこぼしちゃったよ。 | おかあさんが，なにもいわなくても，できるようになってきました。うちのすいどうはきりかえがあるため，それもおぼわるね。 | 水どうのきりかえもおぼえていってるのですね。おこめとぎ名人にむけてじゅんちょうにじょうずになっていっているようですね。 |
| 12/6（水） | ◎ × | ◎ ○ △ | おこめあらいをするとき，せんせいがきたのできんちょうしました。でもがんばりました。 | きょうは，せんせいがビデオをとりにきてくださったので，とてもきんちょうしていたね。はっぴょうするときには，みんなにじょうずにせつめいできるといいね。 | おこめを1つぶもこぼさず，水かえができていてかんしんしました。おこめを出して，おかまのスイッチを入れるまで，ひとりでできていますね。 |

**コメント** 米びつから決まった分量だけお米を取りだす際に，美保は何度もボタンを押してしまい，お米を出しすぎてしまう。一見失敗のように思われることであるが，母親はあえて見守っていた。美保は，この経験をしたことで，ボタンは1回だけをしっかり押せばよいことが体験的にわかり，カードに書き留めることができたのだ（資料の下線部参照）。

このように家でのお手伝い修行を親子で記録してもらったことは，教師にとって，その様子を感じ取る一助となった。そしてその情報は，家から寄せられた修行中の写真やビデオテープとともに，名人技発表会での教師支援に生かしていくことを可能とした。

## 2．名人わざはっぴょうかいじょうずにできるかな

「ぼくはやさいきり名人のしゅぎょうをしました。むずかしかったところは，しんをきるところです。くふうしたところは，ねこの手できったところです」
今か今かと自分の番を待っていた正。いよいよ正の名人技発表が始まる。

「いまからやってみます」正の前には本物のまな板と包丁，そしてニンジンが置かれている。

「きれるの」「ほんもの」身を乗り出して見守るクラスメイトたち。

わたしの「ニンジンをきって見せてもらいますね」の言葉で，

「うわあ～」「こわ～い」「おおっ～」と驚きの歓声がさらに上がった。

「きるっ！」と気合いをいれて正が包丁を下ろすと，

「みごと！」「ニンジンのにおいがしてきた～」「タイヤ（のかたち）だ」うまく切ることができたことへの賞賛と驚きの声が広がった。

正は生活科のお手伝いの学習のなかで，家庭で1週間野菜を切る修行をし，今日の名人技発表会に臨んでいる。家での修行の様子はビデオに録画してあった。これからその様子も教室内で紹介される。

「ダイコン，ふといね」「ダイコンきって，なにするのかな」

正が大きなダイコンを輪切りにしている姿が画面に映り，見ている子どものつぶやきが聞かれた。ビデオの中の正がさらに次の野菜を切ると告げた。

「いまからキャベツのみじんぎりをします」

サクサクとキャベツの切れる音だけがビデオから聞こえてくる。ややぎこちない手つきだが集中して切っている正の表情は真剣そのものだ。

「これでやさいきりをおわります」ビデオの正がこちらを見て言った。

わたしは子どもたちに質問や感想がないか尋ねた。

「いつもきっていますか」という質問に，正は答えられずもじもじしている。

わたしが代わって「時々ですよね」と正の同意を確認しながら答えた。

「手はきらないでやれますか」の質問には首を縦にふってうなづいた。

「みじんぎりをするとき，（家の人に）おしえてもらったんですか」の真代からの質問には「おしえてもらいました」と答えることができた。

「さあ正くんの発表を見て，気づいたことをメモしましょう」という指示で，子どもたちは一斉に書き始めた。

（みじんぎりや，やさいをきっているとき，手をきらないでできたんだね）（みじんぎりするときは，ほうちょうのさきをもってきるんだね）など，正の発表からの感想や気づいた事実を書くことができた。

**コメント** 名人技を発表できれば，名人に認定され，名人バッジをもらうことができるという授業。ただ発表すればよいのではなく次の3点についてクリアするという条件があった。

- 修行期間中（1週間）ずっと続けて仕事ができること
- 家の人に助けてもらわず，その仕事が最初から最後まで自分でできるようになること
- その仕事のやり方に工夫があること

これらの授業の目的や計画は，保護者にも文書で知らせ，理解と協力をいただけるように努めた。学校と家庭とで連携して，この学習を実りあるものにしていった。

## 3．名人バッジをゲットして

この学習を通して，子どもたちはそれぞれにめざしたお手伝い名人になることができた。「〜名人　名前〜」と書かれたバッジには自分の顔写真も入り，

m 2-4-2　名人わざはっぴょうメモ（礼子）

| なまえ | 名人 | こえ | 気づいたこと |
|---|---|---|---|
| さよこさん | げんかんそうじ | ◎ | げんかんそうじは、ほうきじゃなくてぞうきんでやっているんだね。 |
| ひろゆきくん | さらあらい | ◎ | 手がつめたそうだったよ。あんなに、わたしよりじょうずにできるなんてすごいね。 |
| ゆみこさん | ろうかのそうじ | ◎ | はじっこのところもていねいにじょうずにできていたね。すみは、ごみがいっぱいだからたいへんだね。 |
| ゆうじくん | しょっきあらい | ○ | おさらをおとさないでできたね。スポンジできれいにできたね。 |
| ただしくん | やさいきり | ◎ | みじんぎりややさいをきっているとき、手をきらないでできたんだね。 |
| みほさん | おこめとぎ | ○ | おこめは、おこめの水がきれいになるまで、かきまぜるんだね。 |

　まるでおとなの持つ運転免許証のようだった。手にしたバッジをさっそく胸のところにつけて誇らしげに帰っていった子どもたち。その後ろ姿には、ひとまわり成長した喜びに満ちあふれていた。1週間の修行をやりきった自分、名人技発表会で実際にお手伝いをやって見せた自分に自信がもてたのではないか。

　「この学習後もお手伝いを続けています」という家の人からの便りも届いた。

【川口きぬよ】

# 第3章　学びを支える地道な努力

## 第1節　保健室から「きらめき学習を」

　いじめ，不登校，薬物乱用，性の逸脱行為，生活習慣病，青少年による凶悪事件……。今，子どもたちの心身の健康に関する問題は，教育の緊急課題になっている。活発な作野っ子には無縁のものに感じられるが，一人一人をみつめると，気になる子もいる。

　問題が起きてしまった一人一人に対して，保健室でケアをしていくことは大切である。しかし，それに終始するのではなく，問題が起きる前に，多くの子に予防的な教育をしていく必要性を強く感じる。問題が多様化し，深刻化している現状において，専門職である養護教諭として何をすべきか，何ができるのか問い続けながら，健康教育の試行錯誤を繰り返してきた。

　本校で取り組んできた主なものは，学級活動の時間における「性」・「歯」・「食」・「生活習慣」・「心の健康」等の保健指導や，新学習指導要領をふまえた保健教科学習などがあげられる。どの実践でも相応の成果を得たが，1つの課題を残していた。それは，時間がかなり限られているため「教えたい」内容を吟味することにとらわれがちで，子どもが「自ら学ぶ」場面の設定に留意できなかった点である。そのため，健康に対する価値認識をもち，生涯にわたって自己管理ができる「生きる力」を育む健康教育には今ひとつ迫りきれなかった。

　そこに登場したのが，「**きらめき学習**」である。学習領域のひとつとして「**健康（命）**」が設定され，新たな健康教育の場が広がった。

　そこで，「きらめき学習」に夢と期待をふくらませ，養護教諭も積極的に参画した。暗中模索のなか，取り組んだ活動の一部を次に紹介したい。

## 1.「きらめき学習」を視野に入れた新しい保健室づくり

　きらめき学習の実践に先立ち，保健室の現状を見直し，大幅な環境整備をおこなった。子どもたちが学びを展開するなかで，健康に関する疑問や追究意欲をもったとき，その支援ができる場をつくりたいと考えたからである。

　その結果，「癒し―手当て，休養」「ふれあい―相談，カウンセリング」という従来の機能に加え，「学び」の要素を付加した新しい役割を担う保健室が誕生した。

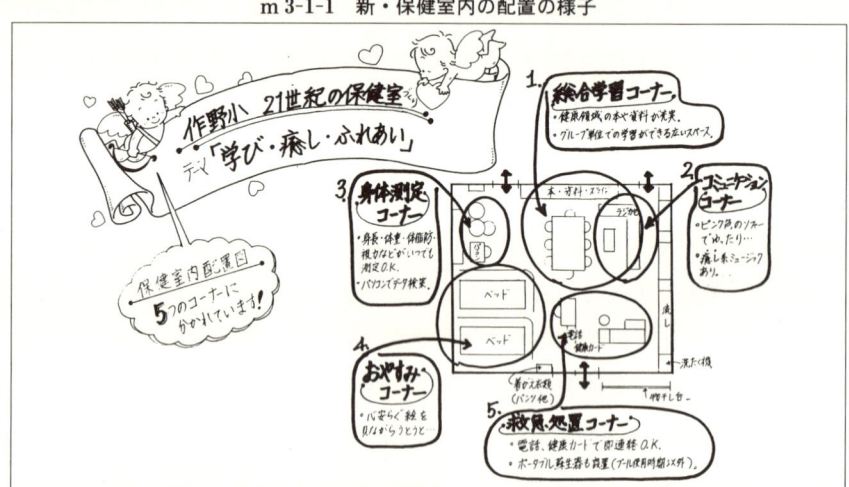

m 3-1-1　新・保健室内の配置の様子

p 3-1-1　保健室内の「きらめき学習コーナー」

　左の写真に示す「きらめき学習コーナー」には，健康に関する数多くの本や資料，VTR，自作教具などが備えられ，多くの子どもたちが関心を寄せている。

## 2．きらめき学習への参画―6年「かけがえのない命」の構想と実践

「死ね！」「ぶっ殺してやる！」……そんな言葉が，ささいなことで飛び交う。まるで，ゲーム中の出来事のように，軽い気持ちで口にする子どもたち。

平成11年9月27日付の中日新聞をもとに，青少年の自殺について，学級で話し合ったときのことである。「どうして自分から死んでしまうのかわからない」といった感想が多いなか，「死にたいやつは勝手に死ねばいいと思う」「自分の命だから自由」という内容のものがあった。担任である野田教諭からこの話を聞いたとき，保健室で対応するなかで感じる不安感と，重なるものを感じた。

命の重さや尊さに気づいてほしい。そして，自分の問題として深く考えてほしい……。野田教諭と養護教諭に共通した痛切な願いから，ひとつの単元が共同開発された。「**かけがえのない命～今，わたしたちが考えること～**」（6年生）である。

「命」という対象には，豊かな教材性がある。そこで，それをきらめき学習のキーワードに置き，個に応じた支援が可能な体制(学級担任と養護教諭とのティーム・ティーチング)と，追究や自己表出をする場を保障する。それによって，子どもは主体的な学習活動を展開し，命の価値に気づくとともに，自分の生き方についての自覚を深めることができるのではないか。このような仮説をもとに，養護教諭もきらめき学習に参画し，学級担任と連携して活動を進めた。

この実践の概要は，第2章で叙述している。また，次ページの資料にあるように，中日新聞にも掲載され，紹介された。養護教諭の思いに深い理解を示し，子どもたちと確かな信頼関係を築いている野田教諭の支援があってこそ，成り立った学習である。命に迫る追究活動を通して，一回り成長した子どもの姿を共に見ることができたことは，忘れがたい思い出となっている。

ティーム・ティーチングによって，子ども理解や多面的な評価，専門性を活かした助言ができ，より深い追究が促された。保健室を調査活動の場として，また学校保健委員会を自己表出の場として活用するなど，学習の場を広げるこ

m 3-1-2　中日新聞に掲載された記事（2000年5月14日付）

とができた点においても，養護教諭の参画の意義を見いだすことができた。健康教育の新たな方向性がひらかれた実践である。

### 3．「きらめき健康展」からの発展－児童保健委員会による総合的学習の活動

　学級を担任しない養護教諭が，子どもに直接指導する機会として，児童保健委員会活動があげられる。新学習指導要領では，「児童による自主的，実践的な活動が助長されるようにすること。また家庭や地域の人々と連携，社会教育施設等の活用などを工夫すること」（下線は筆者による）と指示されており，きらめき学習と共通するものが読み取れる。そこで，養護教諭だからこそできるきらめき学習活動を，子どもと共に創り出すことを試みた。

①　保健室でもイベントをやろう！――「きらめき健康展」の開催

　本校では，保護者が一日中自由に，授業に参加，参観できる日が「スクールオープンデー」として年間数回設けられている。9月のスクールオープンデーには児童会行事である「作野カーニバル」をおこなうことが予定された。そこ

第1節　保健室から「きらめき学習を」　93

で養護教諭と友里，弘らの提案により，この機会にキャンペーン活動をおこなうことにした。保健室をイベント会場にして保護者も招き，ライフスタイルの改善を呼びかけようという企画である。

　子どもたちは，意気込んでイベントテーマや具体的な内容を話し合った。しかし，初めての試みのためイメージがわかず，行き詰まってしまった。そのとき，久美らが「どこかへ取材に行こう」と提案した。きらめき学習の中で，子どもたちは校外での取材経験を豊富にしている。それを活かして子ども自身で取材先を探し求め，「市民健康フェスティバル」へ出かけた。

　そこでの催事を体験した子どもたちは，「体験コーナーはおもしろい」「健康チェックは生活を振り返るきっかけになる」ということを学んだ。

　そしてこの取材体験から，「健康についての総合学習コーナー」である「きらめき健康展」を企画した。

「きらめき健康展」の内容

> ★キラキラ作戦　その1：からだキラキラ！〜肥満度（脂肪厚）チェックコーナー
> ★キラキラ作戦　その2：ひとみキラキラ！〜視力チェックコーナー
> ★キラキラ作戦　その3：キラキラ手洗い！〜手洗いチェックコーナー
> ★キラキラ作戦　その4：白い歯キラキラ！〜かみかみ体験コーナー
> ★キラキラ作戦　その5：ハートキラキラ！〜ストレスとれーるコーナー

　隔週に設けられている委員会の時間だけでは準備が間に合わないため，保健委員は自由時間に自主的に集まった。「これはどうしようか」「こうしたらどうかな」と養護教諭も子どもと共に悩み，準備を進めた。

　作野っ子カーニバルの当日。「だれも来てくれなかったらどうしよう」という不安をよそに，多数の親子が保健室を訪れた。予想をはるかに越える盛況ぶりに保健委員も養護教諭もおおわらわであった。「ボランティアするよ」という有志の子どもたちの手助けに支えられて，無事に終了した。

　「大成功だったね！」と興奮気味の，保健委員の子どもたち。満足感いっぱいの笑顔があふれるとともに，健康づくりの発信組織としての，自覚と結束を

p 3-1-2 「皮下脂肪をチェック！」　　　p 3-1-3 「手洗いをチェック！」

深めることができた。

各コーナーを楽しく体験しながら学ぶ子どもや保護者からは，「健康生活を考えるきっかけになった」という感想が多数寄せられた。

② 子どもに保護者に大募集！――「作野小オリジナル健康かるた」の作成

終了後，子どもたちは「今度は何をやろうか」と次の活動への意欲をみせた。前述の「市民健康フェスティバル」で，美幸は「栄養かるた」というチラシを手に入れており，他の委員に紹介した。食生活の大切さを，かるた風の言葉で端的に示したものである。感心した子どもたちから，「自分たちも作ってみたい」という声があがった。「家族で話し合えば健康づくりに役立つよ（愛子）」などの提案によって，**作野小オリジナル健康かるた**を募集することにした。

子どもたちは，各教室をまわって呼びかけ，校内のあちこちにポストを設置する等，キャンペーン活動に意欲的に取り組んだ。

その結果，232人から計316の作品が寄せられた。そのなかには，保護者の

「作野小オリジナル健康かるた」（一部抜粋）

---

　あ　「あさごはん　しっかり食べて　1日元気」（2年男子）
　い　「いつもにこにこ　心も元気」（4年男子と保護者の合作）
　う　「うすぎして　かぜをひかない元気な子」（3年女子の保護者）
　え　「栄養いっぱい　学校給食　もりもり食べよう」（5年女子）
　お　「おひさまの　下で遊んで　体力づくり」（1年男子と保護者の合作）

作品も数多く含まれた。どれもユニークな力作ぞろいであった。
　「健康かるた」は作者の顔写真入りで保健室の廊下に展示し，子どもはもちろん，来校した保護者や地域の方にも楽しんでみていただいている。
　まだまだ試行の段階である。しかし，これらの活動を通して，子どもの発想や力を活かすことで，また新たな健康教育が創造できることを感じた。今後も実践を重ねていくことを通して検証していきたい。　　　　　【井上優子】

## 第2節　ペア学級

### 1．異学年交流の場としてのなかよし広場

多くの小学校と同様に，本校でも異学年交流を実施している。1年生は6年生と，2年生は4年生と，3年生は5年生と交流している。互いに交流する学級は年度当初に決められ，「ペア学級」と呼ばれている。ペア学級では，上の学年の子どもが，お姉さん，お兄さんとして下の学年のある特定の子ども（「ペアの子」）の世話を1年間おこなっている。

わたしたちは，異学年交流の場を「なかよし広場」と称し，年に6回開催している。ペア学級でいっしょに遊ぶ時間である。なかよし広場の遊びについては，上の学年の子どもたちが計画し，準備し，進行をおこなっている。教師の支援を受けながらではあるが，最後の片づけまで子どもたちが運営している。

### 2．初めてのなかよし広場（4年生）

4年生になって，子どもたちはペア学級のなかでお姉さん，お兄さん役として役目を果たすことになった。かれらは，もちろんペアの子となかよく遊びたいと思っていた。しかし，それ以上に，「ゲームのルールをわかりやすく教えてあげよう」「昨年のペアのお姉さんみたいに，わたしもペアの子を楽しませてあげたいんだ」という言葉から，ペアの子を世話し，楽しませてあげたいという気持ちが感じられた。

初めてのなかよし広場をおこなうにあたって，まず，子どもたちは，自分たちがペア学級のお姉さん，お兄さんであるという事実を確認した。その後，どうすればペアの子が喜ぶのかを考えた。「走る遊びの方が楽しいよ」「ペアの子がルールを知っている遊びがいいと思います」などと意見をだしあい，イヌ・ネコ・ネズミという遊びをすることに決まった。

なかよし広場当日，子どもたちは，遊びに積極的に参加した。また，大きな歓声もあちこちからあがっていた。なかよし広場の後に書いた感想にも，「初

めてペアの子と遊んだけど楽しかった」「ペアの子となかよくなれてよかった」という内容が多かった。しかし,問題点も4つ見つかった。

① 遊びに夢中になって,ペアのことをすっかり忘れてしまった
② ペアの子と話をすることができなかった
③ ペアの子のめんどうをみるのは大変だった
④ ペアの子と性格が合わず,なかよし広場をするのがゆううつになった

個人的な問題については当事者と話し合い,様子を見ることにした。全体に関わる①,②についてはクラスで話し合いの場をもった。その結果,次のなかよし広場では,手をつないだりおんぶをしたりして,ペアの子といっしょに遊ぶというルールを入れることにした。

### 3. ペアペアとつげき！インタビュー

なかよし広場を楽しんでもらうために,ペアの子のことをよく知りたいという考えが子どもたちからでてきた。どうしたらいいか考えた結果,きらめき学習で練習した取材を2年生の子にすることに決まった。2年生の子に気分よく答えてもらうため,質問の内容,話し方,質問の時間について,子どもたちは意見を出し合った。「得意な遊びがわかれば,なかよし広場で

m 3-2-1　ペアペアとつげきインタビューのカード

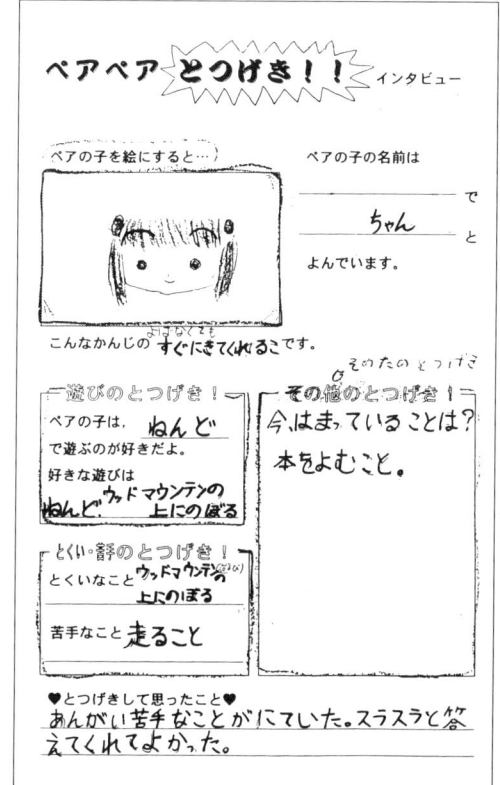

やれるかもしれない」「好きなものやきらいなものがわかれば今度のなかよし広場で話しやすくなるね」「聞きやすいように大きい声で質問しないといけない」「質問は短い言葉の方がわかりやすいよ」「放課の時間にインタビューに行くから、あまり時間が長くなるとかわいそうだよ」「ペアの子の絵をかくと（ペアの子の様子が）思い出しやすくていいな」。どの子もペアの子のことを考え、真剣に話し合った。

ペアの子にインタビューをする前に、グループでインタビューの練習をした。ひとりで練習していては気づかないことをたくさん知ることができた。「その聞き方だとよくわからないから言葉をかえてみたら」「2年生の子の顔を見て質問した方がいいよ」と子どもたちは教え合っていた。2年生へのインタビューの当日、グループで練習したことを生かすことができたため、スムーズにインタビューできた子が多かった。質問した内容はカードにまとめ、教室に掲示した。インタビューの後、子どもたちは「質問に答えてもらってほっとした」「ペアの子のことがたくさんわかってよかった」「好きな遊びがわかったから、次のなかよし広場のとき決めやすい」などと話していた。

### 4．失敗（第2回なかよし広場）

6月のなかよし広場も、子どもたちはとても楽しみにしていた。遊び決めでは、4月の遊びが2年生にも4年生にも好評だったからか、イヌ・ネコ・ネズミと内容が似ているドロケイに決まった。しかし、4月のなかよし広場の後に決めたペアで行動するというルールを守るため、手をつなぎ、あるいはおんぶをしているにもかかわらず、ペアの子との体力差を考えずに行動した子が多かった。また、相手の陣地を囲まない、ずっと陣地の中にいてはいけない、というどろけいのルールがうまく機能しなかった。そのため、遊び終わった後に感想を聞くと「とても楽しくなかった」と回答した子が大部分であった。一生懸命考え、準備しただけに、子どもたちのショックは大きかった。感想も、「おもしろくなかった」と書いている子、「もう司会に自信がなくなった」と書いた子がいた。

感想を書いた後で、2年生に楽しんでもらうために何ができるのかをグループで話し合い、全体で意見交換の場をもった。「自分が楽しむのではなく、楽しんでもらう」「命令しない」「ルールを守る」「やさしく声をかける」など、たくさんの意見が出された。しかし、次回のなかよし広場は夏休み明けである。せっかく話し合いをしたのだから、1学期の間に2年生の子が喜ぶことをやりたい。そこで、なかよし広場とは別にペア学級で遊ぶ時間をつくり、その時間を「ペアペアレッツゴー」と呼ぶことに決めた。なかよし広場の反省から、ペアペアレッツゴーのめあては「2年生の子に楽しんでもらえるようにがんばろう」になった。ペアペアレッツゴーでは、ドッジボールと宝探しをすることに決まった。その後、必要な係、役割分担も決まり、準備をすすめていくことになった。

### 5．ペアペアレッツゴーにむけて

招待状、かざり、司会、宝さがし準備、景品、音楽、掃除のグループに分かれ、活動を始めた。しかし、話し合いをして作業にとりかかったにもかかわらず、活動を始めると問題点がたくさんでてきたため、話し合いをし直すグループもいくつかあった。

招待状を書くグループは、最初は、自分のペアの子にだけ招待状をかけばいいと思っていた。しかし、作業を始めてから、他の子の分も書かなくてはいけないことに気づき、作業計画の見直しをおこなった。また、2年生に招待状を配ったときに数枚足らず、あわてて不足分を作り、再度配りに行った。

かざりグループの子たちは体育館にかざりをするため、たくさん作業をしなくてはいけないと予想していた。そのため、休み時間に作業をするだけではなく、家に持ち帰って少しずつ作業を行った。また、休日に都合のつく子が集まって作業することもあった。ぎりぎりではあるが、限られた日数のなかで何とか完成にこぎつけることができたため、子どもたちは満足そうだった。

宝さがしゲームを準備するグループは、宝さがしのヒントになるアイデアをたくさんもっていた。そのため、どの方法でおこなうのかを決めるのに時間が

かかっていた。「このやり方はおもしろいけど、宝をかくすのがたいへんだよ」「宝のありかへの（ヒントの）矢印はない方がいいと思うけどなあ」とグループ全員でどの方法でおこなうのかを話し合った。時間はかかったものの、最後には、1つのアイデアにしぼって作業をすすめることができた。

景品準備のグループは、景品に遊戯王カードを入れるかどうかでもめたことが

p 3-2-1　ペアペアレッツゴーに向けての準備の様子

あった。「カードはたくさんあった方がいいんだよ」「でも、（私たちが）いらないカードをもらっても、2年生はうれしくないんじゃないの」「景品ならいいけど、（クラスの男子と）交換する話をしてたよね。それはよくないんじゃないの」。結局、子どもたちは、カードを学校に持ってくるのはよくないから、景品には入れないと決めて、準備を続けることになった。

計画的に作業することができたグループもあった。体育館の掃除をするグループは、作業計画表をつくり、能率よく準備をすすめていた。また、音楽の準備を担当した子は1人だった。しかし、その子は、アンケート用紙を配り、みんなが希望する曲を準備することができた。司会のグループの子は、話す言葉を考え、グループのなかで本番さながらの練習をしていた。グループでの練習で自信がついたのか、みんなの前で司会ができるのを楽しみにしていた。

## 6．いよいよ本番

準備も整い、全員がそれぞれのペアの子を呼びにいった。うまく準備できたか、遊びは楽しんでもらえるかなど、不安と期待が入りまじっていた。

まず、ドッジボールをおこなった。ボールを受けるのが得意なペアは前にでて、逃げるのが得意なペア、ドッジボールが得意でないペアは、後ろの方にいった。どの子もペアで行動することができた。

次におこなった宝さがしゲームでは，進行に不備があり，宝のありかが書いてある紙が全員に行き渡らなかった。子どもたちは不安顔であったが，本物の宝は全員に行き渡り，安心した表情が見られた。

どの子もがんばって活動をおこない，終わった後はみんなうれしそうな表情であった。2年生の子が書いた感想には，楽しかったという感想が多かった。その感想を紹介したときの子どもたちの笑顔はとても印象的であった。

m 3-2-2　2年生の子の感想

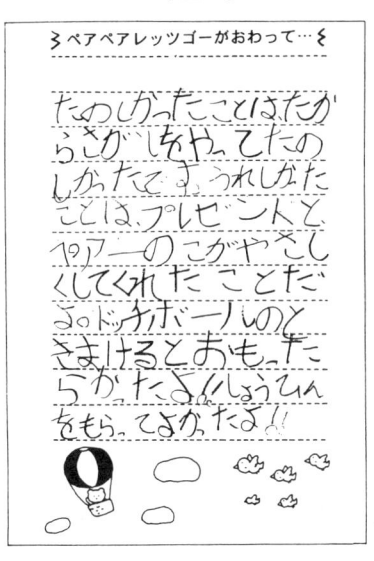

### 7．ペアペア新聞を渡そう

1年間の終わりに，ペアの子にありがとうカードを渡すことに決まった。どんなカードにすると2年生の子に喜んでもらえるのか，意見を出し合った。6年生が全校に学級新聞を出したことがきっかけとなり，ペアペア新聞を作ることになった。ペアとの活動の様子を写真やカードで思い出し，ペアの子に楽しく読んでもらえる新聞作りに集中して取り組んだ。新聞が完成したときは，どの子も満足そうだった。休み時間に，新聞をうれしそうにペアの子に渡し，いっしょに読む姿を見ることができた。

【村山さとみ】

## 第3節　エンカウンターを生かした学級づくり

### 1．うれしいはなしのききかた

　入学して間もない1年生。何をするにしても初めての経験ばかり。「これ，わかる子」と聞くと，「はあい」と大きな声を出して手を挙げ，どんなことも一生懸命に取り組むことができる子どもたち。

　しかし，自分が活動することには積極的でも，友だちが発言や発表するのを「聞く」のは難しい。そこで，エンカウンターを用いた「うれしいはなしのききかた」という授業をおこなった。上手な聞き方と下手な聞き方で話を聞いてもらい，その態度の違いからくる不快感と気持ちのよさを対比的に体験する。そして，日常の自分の行動を振り返り，積極的に話を聞く意欲をもたせることをねらいとした。

　2人1組になり，1人が話をして，もう片方の子が下手で失礼な聞き方で話を聞いた。相手が話をしている前で知らん顔をする子もいれば，机の上に寝ころがる子，おしゃべりをしながら聞く子などがいた。次に，上手な聞き方で話を聞いた。その後子どもたちに感想を尋ねた。

---

担　任：はじめに，下手で失礼な聞き方で，お話を聞いてもらってどんな気持ちでしたか。
千恵子：いやな気持ち。
真　琴：悲しい気持ち。
和　子：くやしい気持ち。
担　任：どうしてそんな気持ちになったのかな。
智　宏：寝ころがったり，違うところ見ていたりしたから。
弘　通：(話を)全然聞いてくれないし，おしゃべりする。
担　任：下手な聞き方で聞くと，話をしている子はいやな気持ちだということがわかったね。反対に上手な聞き方だと，話をしている子はうれしい気持ちになるんだね。

---

この話し合いの後に，「おはなしのじょうずなききかた」をレベル1〜3まで段階的に表したものを提示し，聞き方のチェックをした。この「おはなしのじょうずなききかた」の図(m 3-3-1)は教室の全面に掲示して，いつでも子どもたちの目にとまるようにした。話をする前に，「今からはレベル1に気をつけて聞こうね」と声をかけて，少しずつ定着させた。
　これまで話を聞いているさいちゅうに，ついつい自分の意見を口出ししてしまった子に「今はお話を聞くときです」と注意すると，さらに大きな声でおしゃべりをし始め，あるいは，ぷいと横を向いてしまったりすることがよくあった。しかし，この授業の後は，「レベル2は何だっけ」と聞き返すだけで，「最後まで聞く」と一斉に声があがり，話を聞く姿勢に切り替えることができた。
　さらに最後に質問の場を設け，言いたいことや聞きたいことがある子はそのときに発言することにした。そうすることで，質問するには話をよく聞いておかなければならないため，子どもたちは聞くことをより重視することができるようになった。

m 3-3-1　おはなしのじょうずなききかた

p 3-3-1　質問があります

## 2．こおりおに

　まだ，クラスメートの顔も名前も覚えていない頃。体育の時間に，子どもたちの大好きなおにごっこをやった。そのなかでもお気に入りは「こおりおに」である。鬼にタッチされると氷のように，その場でかたまってしまわなければ

ならない。しかし、動ける子に再びタッチしてもらうことで、また復活して鬼から逃げ回ることができる。

　名刺大のカードをひとり5枚配り、自分の名前を書かせ「おたすけカード」とした。「こおりおに」のとき、かたまってしまった子に「おたすけカード」をわたすと、また逃げることができる。そのとき、助けてもらった子は「ありがとう」と言う。以上の方法で「こおりおに」をおこなった。「おたすけカード」を見て、この子はこんな名前なんだということがわかる。「ありがとう」と言われることで、その子とはもう友だちになることができる。

　「こおりおに」の感想、カードをもらったときの気持ち、「ありがとう」といってもらったときの気持ちをそれぞれ聞いてみた。「うれしかった」「楽しかった」「またやりたい」という声があがった。助けてもらったときにもらったカードを、今でも大切にお道具箱に入れている子がいる。

### 3．ほめほめカード

　暑い夏の日、子どもたちは好きな色の絵の具を使って、お日さまを描いた。大きなぐるぐるのお日さま、お花のようにかわいらしいお日さま、カラフルで夢いっぱいのお日さま、太い線でダイナミックに描いたお日さま、皆、思い思いのお日さまを画用紙に表現した。

　図工は、絵を描くことが大好きな子どもたちにとって、人気のある教科のひとつである。しかし、ともすれば自分が活動するのみで、友だち同士のかかわりがないまま終わってしまうことも多い。そこで、お互いの作品を鑑賞し、よいところを見つけるために「ほめほめカード」を用いた。

　「ほめほめカード」に自分の名前を書き、交換する。もらったカードに書いてある名前の子の作品を見て、よいところを書く。それを計4回繰り返す。ひとつの作品につき、4つのよいことが書かれる。

　子どもたちからは「上手」「うまくない」といった声を耳にする。しかし、技術的な枠を越えて、どの作品からもよいところを探し、描いた友だちの気持ちや思いを感じてほしいと思った。

子どもたちが書いてくれた「ほめほめカード」には，とても素敵な言葉がたくさん詰まっていた。

- 色がたくさんあってすごくきれい。よく考えたね。（和雄）
- てんてんのところがいろんな色で上手だね。（由加里）
- 林を描くのが上手だね。しまもいろいろすごい。かっこいいよ。（博）

### 4．いっぱい咲かせよう「ありがとうの花」

友だちに何か親切なことをしてもらったときには，その感謝の気持ちをこめて「ありがとうカード」を書くことにした。「ありがとうカード」は2枚つづりになっていて，半分は相手に渡して，もう半分は掲示用である。相手に渡すほうのカードは，帰りの会のときに全員の前で発表して，渡した。落ちた鉛筆を拾ってもらったこと，遊びに誘ってくれたこと，机を一緒に運んでくれたことなど，毎日たくさんの「ありがとうの花」が咲いた。

m 3-3-2　ありがとうカード

p 3-3-2　いっぱい咲いたよ「ありがとうの花」

ときには，帰りの会のときに思いがけず「ありがとうカード」をもらい，「ぼくこんなことしたかなあ。覚えてないなあ」と照れくさそうな笑顔でカードを受け取る子もいた。

1年生は相手の気持ちを考えるには，まだむずかしい年代かもしれない。しかし，このようにして少しずつ，相手を思いやることを学んでいくのだと思った。

【河村奈央子】

〈**参考文献**〉 國分康孝『エンカウンターで学級が変わる Part 2 小学校編』図書文化，1997 年

## 第4節 朝の会のスピーチ，読み聞かせで学びの基礎を

### 1．朝の会

　朝の会の最後に「昭子，健のお話アタック」と言って，朝の会の司会の日直がスピーチを始める。3つ程度の文で，自分がしたことを発表している。その後，「質問や言いたいことはありませんか」と言って，クラスの子たちはそれにたいして，質問する子や，あるいは「昭子さんに言います。公園で何をして遊びましたか。わたしも昨日公園に行ってブランコをして遊びました」と自分の体験を話す子もいる。子どもたちには，質問だけではなく，できるだけ関連することで自分の体験もつけ加えて話すように助言している。そのせいか質問し，自分の体験をつけ加えて話す子は多い。

　授業ではあまり活躍できない久子も，このお話アタックを楽しみにしている。久子は，友だちの話をよく聞いていて，「○○さんに言います。わたしも昨日おばあちゃんのおうちに行きました。お寿司を食べました。楽しかったです」とたくさん話ができる。そんなときの久子は実に，生き生きしている。クラスのみんなの中に入っていけるチャンスだと感じているようだ。

　スピーチだから，当然話す力を訓練するのであるが，聞く力を育てることにもつながる。2学期半ばから，日直のスピーチを聞いて質問した子，あるいは

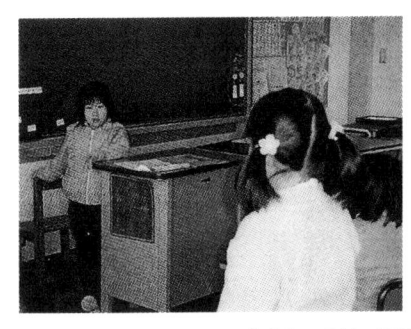

p 3-4-1　スピーチで発表する子どもたち

自分の体験を伝えた子にたいしても，関連することや似ていることなどを発表してもよいことにした。そして，言いたいことがあるときは，起立することにした。日直にたいして話すだけのときより，話す相手を広げることにより発表する者が増えた。発表するためには，話をよく聞いていないと質問や発表ができないので，以前より，よく聞くようになった。また，人の話を聞き，そのことにたいして自分の考えを述べる訓練になるとも考え，質問をした後，自分の体験を必ず話すように子どもたちに助言した。また，日直に発表した子のネームプレートをつけてもらい，終わるときに「今日は，○人発表することができました」とクラスのみんなで喜ぶのである。このように朝のスピーチの時間で繰り返し経験することにより，普段の授業で発表しようとする勇気や自分の考えを言おうとする意欲に発展していくようにと願っている。

　授業では恥ずかしがってあまり発表しなかった春美が，朝のスピーチで発表する回数が増えてきた結果，授業でも進んで挙手するようになった。スピーチの時間は気楽に発表できる。挙手することに慣れ，授業でも発表することが平気になってきたようだ。自信をつけ，発表する声が大きくなっている。以下は，スピーチの時間の感想である。

---

・わたしは，お話アタックの時間が大好きです。みんなのことがいろいろわかって，質問できて，自分のことを言えてとっても楽しいです。質問して答えてくれると初めに言ったことよりもっと詳しくわかるからです。
・わたしは，あまり発表したことがないけれど，お話アタックはいいと思います。わけは，おもしろいし，勉強じゃなくて話しやすいからです。

---

## 2．読み聞かせの会

　聞く力をつけることに重点を置いた読み聞かせの会を，朝のさわやか学習の時間におこなっている。週に1回，8時15分から8時35分の20分間，2冊程度の本や紙芝居の読み聞かせを聞く。読み聞かせ担当者は，2年生の保護者に呼びかけて募集した教育ボランティアである。1年生のころから継続して協力を求めているので，各クラスに4～5人の読み聞かせの教育ボランティアが

m 3-4-1 読み聞かせのお礼の手紙

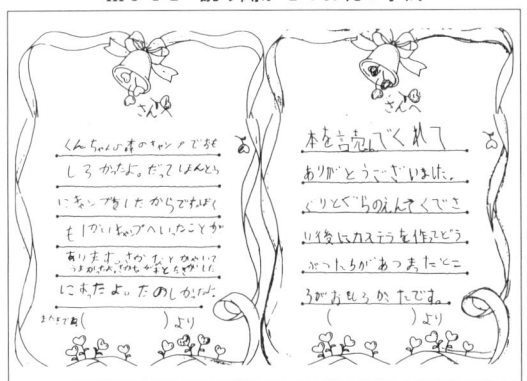

p 3-4-2 読み聞かせの会

存在する。読み聞かせ担当者は，上手な読み聞かせで子どもたちを引きつけている。子どもたちも楽しみにしていて，聞くときは集中している。教育ボランティアは子どもたちのつぶやきを拾いながら進め，そのやりとりは見ていてほほえましい。教育ボランティアも季節に合わせた本，あるいは，絵の少ない本にするなどいろいろ考えていらっしゃる。

　学期末ごとに，読み聞かせの教育ボランティアに子どもたちがお礼の手紙を書くようにはたらきかけている。お礼の手紙からもわかるように「ぐりとぐらのえんそくで最後にカステラを作って動物たちが集まったところがおもしろかったです」「くんちゃんの森のキャンプはおもしろかったよ。本当にキャンプをしたからです。ぼくも１回キャンプに行ったことがあります。魚とかを焼いてうまかったよ」など，子どもたちは本の内容について感想を書き，自分の生活を振り返る。

　記録用紙を掲示し，本の題名を書きためている。その題名を見て，子どもたちは本の内容を思い出す。この手紙は，読み聞かせてもらってから日数がたって書いている。しかし，本の内容はしっかりと記憶されている。読み聞かせをしてもらい，聞く力と自分の思いを書く力を自然に身につけている。この手紙を読んだ教育ボランティアの一人が「子どもたちの手紙を読むと涙が出そうになります」と話してくださった。読み聞かせの教育ボランティアを募集すると

きの用紙に，意見や感想の記入欄を設けたところ，次のような返事が返ってきた。

**読み聞かせ教育ボランティアの感想**

- 初めは読んであげたいと思っていましたが，最近は聞いてもらいたいと思います。昔から，声に出して読むことが好きでしたので，いくらでも読めます。どうぞ読ませてください。
- 毎回クラスの子どもさんたちに会うのを楽しみにしています。我が子が生活するクラスの雰囲気を肌で感じることができるのもありがたいことと思っております。また，日ごろゆっくり絵本を読む時間をとれずにいますので，この機会はわたしにとっても，大切にしたい時間と思い，参加させていただいております。

　読み聞かせをするということは，教育ボランティア自身をも満足させていたことに感動した。子どもたちに育てたい力もさることながら，こうした人と人との心の交流が感じられるこの読み聞かせの会は，継続こそ力なりの証明である。

【野々山美恵】

# 第4章　特徴ある教育活動の成果

## 第1節　本物との出会いを求めて

### I　新聞記者になって伝えよう（5年生）

#### 1.「本物の子ども記者」をめざして

「新聞記者になって伝えよう」という学習が5年生の国語の学習のなかにある。

過去に，生活科の取り組みのなかで，2年生の子どもたちが学級新聞を作ったことがある。実はそのとき，子どもたちは読者を増やそうと，地域の人に自分たちの作った学級新聞「たけのこ新聞」を宣伝した（中日新聞，1997年2月

m 4-1-1　中日新聞掲載記事（1997年2月21日付）

21日)。

　「自分たちの作る新聞が地域の人に読まれる」ことが,子どもたちの大きな励みになった。子どもたちは一生懸命,読者を募集したのであった。

　そして,子どもたちの努力が実り,「たけのこ新聞」は最終的には80人余の購読者を得た。「子どもが作り,子ども自身が売った学級新聞」が地域の人に読まれることによって,一歩「本物の新聞」に近づいたといえるだろう。

　「新聞記者になって伝えよう」の国語学習は,きらめき学習(総合的学習)とうまく連携していけば,「本物」を体感し,「本物」と出会う場面を数多くもつことができる。学習前の子どもたちに,そんな「本物との出会い」の場面をいくつか示唆すれば,期待で胸がわくわくするに違いないと考えた。

　「取材で好きなところに出かけられるよ」「本物の新聞記者に会って話ができるよ」「みんなの書いた記事が本物の新聞に載るよ」。こんな話を子どもたちにしながら,「新聞記者になって伝えよう」の学習が始まった。

### 2．国語と総合的学習を連携させて

　この国語学習では,総合的学習(以下,きらめき学習)の「ぼくらの食糧をぼくらの手で」の学習とさまざまな点で連携できるように配慮した。

　「新聞記者になって伝えよう」の学習は,きらめき学習の進捗状況に合わせ1学期から2学期に至るまで断続的に展開した。きらめき学習で取材したことを記事にするという動機づけをはっきりさせることで,国語の学習への波及効果をねらった。また,新聞記事を活用することや,新聞記者を実際に教室に招くことを通して,新聞や記事,新聞記者に親しむ機会を多くした。

　学びの中心的な活動になったのは取材である。子どもたちは学校外に出る取材活動では,解放されているがゆえに,実にいきいきとした表情を見せる。しかし,子どもたちの実践的な取材活動も放任していると,底の浅い行き当たりばったりの活動になってしまう。したがって,子どもが国語の学習において取材について学んでいることが重要である。「体験」と「学習」をバランスよく積み重ねていくことが大切である。

## 3．取材体験を重ねて

　1学期は社会科の食糧生産の学習や家庭科の調理実習体験を生かしてきらめき学習を展開した。主な活動として家庭での食事調べやおにぎり・豚汁作り，取材活動，米・夏野菜の栽培，豚の飼育などをおこなった。取材活動は2回おこない，1回目は自分の家の近くにある農家や食に関するお店の取材をおこなった。事前にあいさつや言葉遣いなどのマナーを確認し，取材相手に合わせた質問内容を考えて取材にのぞんだ。弓子は6月に第1回目の取材を終えて，次のように書いた。

---
「ただいま新聞記者見習中」①

　私は1学期にきらめき学習の取材で2つの取材に出かけ，いろいろなことを学びました。第1回目の最初の取材では，私たちは学区にある「食」に関するお店や，農家のことを調べることになりました。私たちはまず，ひとつ目に大正庵というお店に行きました。少し，質問の練習をしてから店内に入りました。

　店の中をよく見ると，和食中心のお店のようでした。待っていると，女の人が案内してくださいました。食事の材料はほとんど国内産で一日にくるお客の数は，約500人だそうです。500人と言えば，私たち5年生が100人ちょっとだから，その5倍です。そんなに来るなんて，びっくりしました。次にサークルKへ行きました。とても親切に質問を聞いていただきました。材料は業者から仕入れ，米はコシヒカリ，秋田こまちの2種類を売っているそうです。意外と少ない気がしました。もしかすると，昔はもっと売っていたんじゃないかと思います。

　お礼を言って，次にファミリーレストランのデニーズに行きました。お客さんがたくさんいるようだったので，ここでも質問の練習をして中に入りました。女の人が近づいて来ました。事情を話したら，いそがしいという理由で断られてしまいました。ことわられることもあるということを学びました。

---

　第1回目の取材は時間も短く，質問も表面的なものに終わっている。しかし，予約なしで取材に入った店でちょっとしたスリルを味わい，ときに取材拒否にあいながらも，取材の楽しさを少しずつ感じ取っているようすが伝わってくる。

　2回目は，取材先を専業農家，生協，安城農林高校，養豚家，味噌屋，自然食品店の6カ所に絞った。取材先ごとに，グループで質問事項を考え，取材に出かけた。弓子たちのグループは岡崎の八丁みそ工場を取材した。

―「ただいま新聞記者見習中」②――――――――――――――――――

　２回目の取材では，みそのことを調べるために，八丁みそ工場に行きました。私たちは，この取材の前に豚汁作りをしてみそに興味を持ったのでした。その時，赤みそと白みそでは材料や作り方に違いがあるのかという疑問を持ち，今回の取材につながりました。

　工場に着くと，八丁みその作り方を教えていただきました。その時，いっしょに渡された紙には，使っている大豆が国内産40パーセント，外国の物は60パーセント使われていると書いてありました。輸入が多いということだろうかと思いました。なぜ，こんなに輸入するんだろうと思いました。

　次に，みそを置いておくところに行きました。そこで，お話を聞くと，昔はたるで輸出していたことがわかりました。どうしてか聞こうと思いましたが，すぐに質問することができませんでした。考えていると長谷川君が「前の方は，あの石がピラミッドみたいにつんであるのに，うしろの方は何で，少ししか積んでないんですか」という質問をしました。すると係の野場さんは「いいところに気がついたね。それは水の量でちがうんだよ」と答えてくださいました。その石は重石といって，水分少なめの時ほど重石が多いそうです。そこで，みそづくりは機械でしないのだろうかという疑問が浮かびました。

　２回目の取材は１回目に比べると，「疑問」や「なぜ」「どうして」という言葉が，さかんに使われている。問題意識が高まってきたからだろう。しかし，弓子はその場ですぐ質問するのはちゅうちょしてしまったようだ。質問した長谷川の言葉が印象に残ったのは，自分が質問できなかったからだろう。子どもたちは，１回，２回と取材経験を積み重ねながら「取材の仕方」を学んでいった。

### 4．新聞記者を招きデスク会議

　ところで，きらめき学習では多様な自己表出力の育成をめざしているので，「取材のまとめ」はポスターセッション用に絵あり，イラストありのポスター形式でまとめていったが，国語では取材記事としてまとめる時間をとった。

　次に記すのは，２回目の取材でまとめた一郎の記事について，学級全体で話し合ったときの授業である。

　この授業では，助言者として中日新聞の川本公子記者を招いた。２時間続き

第1節 本物との出会いを求めて 115

m 4-1-2 一郎の取材原稿

の前半の1時間では，子どもたちの取材記事や話し合った内容について，川本記者から助言をしてもらうのが主な目的であった。また，後半の1時間では，子どもたちが自由に川本記者に質問できる時間を十分とることにした。

　学習の第1の目標は「2つのモデル記事を基に，取材の仕方や記事の書き方について，良い点，直すべき点をはっきりさせていく」ことであった。そして，第2の目標は，「読み手にわかりやすく伝わるような記事にするには，どのような取材をしたらよいか，どのような記事の書き方をしたらよいかを考える」ことであった。

　いくつかの取材記事から養豚家を取材した一郎の記事（m 4-1-2）を選んだのは，きらめき学習で豚の飼育が予定されていたからである。また，豚についての学習が少しずつ進みつつあったので，内容について，子どもたちの関心がきわめて高かった。新聞社の用語でデスクという役割の記者が記事原稿を点検するのに倣って，この授業を「デスク会議」と呼び，一人一人の意識を高めるようにした。事前に2つのモデル記事について感想を書く時間を十分確保し，それぞれが自分の見方・考え方をもって授業にのぞんだ。

**授業記録**

T：この2つの記事はとてもいい記事の例として出してあります。
　　2つの記事の良い点，直す点，質問したいところはどんなところだろう。
C：全体的に理由が書いてあります。
C：④の文で，なぜ子豚が豚のしっぽをかむかよくわかります。
C（恵理）：かむわけは書いてない。理由とかは書いてないと思います。
C（弓子）：⑥の文のところは，⑤に続けて質問してあり，わかりやすい。
C：自分が用意していなかった質問のところもよく聞いて，書いてある。
C：④のところは用意してなかった質問もして，書いてある。
C：③⑦⑧のところは，学校で豚を飼うときに必要なことが書いてある。
C（弓子）：⑦⑧では自分の意見を取り入れて書いてある。
C：④では，教えてくれたことで自分が思ったことも書いてある。
C：④ではどうして親豚のしっぽが丸くなるのか書いて欲しい。
C：今書いてないと言ったけど，④のところの最初の方に，その理由が書いてある。
　　（前に出て，黒板のところの文を指して）この部分が理由だと思います。
T：記事を書いた一郎君。今の二人の意見を聞いてどうですか。
C：ぼくは，子豚のしっぽが切れていたので，そのことを質問しました。④の最後の部分は僕が考えたことです。
C：別のことで，③の文に「きれい好きなんだけど，水を飲むところにおしっこをする」と書いてあって疑問に思いました。
C：④の文に，「なれないくささ」と書いてあるんですけど，どんな臭さかくわしく書くといいと思います。何日でとれるとか。
C（恵理）：何日とは言えない。
T：恵理さんの記事にも臭いのことが書いてあったね。恵理さん，読んでくれる。
C（恵理）：（自分の記事を読む。）「その近くになると，プーンときついにおいがしました。だんだん中に入っていくと，においが強くなってきました。」（自分の記事を読む。）
C（由也）：この書き方だと僕もよくわかる。
T：一郎君の記事はとってもいいけど，恵理さんのこの臭いの部分は由也くんも認めてくれているんだね。
C（弓子）：私はこの臭いがどういうくさい臭いか，例えを出すとわかりやすいと思いました。
T：なるほど，例えを出すのか。それはいいね。違う意見はありますか。
C：③の文で見たことか，聞いたことかよくわかりませんでした。

> C（一郎）：③のところは，見た感じが汚れていたのでそのことを聞いてみると，教えてくれたのでそれを書きました。
> C：今の説明で納得しました。（略）

　この授業で話題になっている取材は時間が限られていたため，質問をあらかじめ考えてのぞんだ。しかしそれだけでは良い取材はできない。取材現場で疑問に思ったことをどれだけ質問できるかで取材の深まりが出てくる。子どもたちにそのことを強調しておいたが，一朝一夕で「臨機応変」の取材ができるようになるわけではない。

　しかし，一郎の記事にはその場で疑問に思ったことを聞き出してまとめた部分があった。一郎の記事を読んだ子どもたちのなかにその価値を見いだした子が何人かいた。「自分が用意していなかった質問のところもよく聞いて書いている」の発言である。他の子どもももその発言に同意した。

　また「学校で豚を飼うときに必要なことが書いてある」などの発言は取材の目的をしっかり意識しているから出た発言である。「におい」について発言した子も何人かいる。豚独特の「におい」について，2つのモデル記事を比べ，表現のあり方を具体的に指摘している発言や「たとえを出すとわかりやすい」と答えた発言は，記事の書き方を考えるうえで優れた指摘であった。

　記録のような授業のやりとりを聞いたあと，川本記者は助言をしてくださった。そして，子どもたちのさまざまな質問にこたえてくれた。

　弓子は川本記者との出会いを次のように記した。2回の取材をした後だけに，弓子の心には川本記者の話が印象深く残った。

> ─「ただいま新聞記者見習中」③─────────
> 　私たちのクラス5年3組に，本物の新聞記者・川本公子記者がいらっしゃってデスク会議に参加してくださいました。川本記者は20年以上の経験を持つベテランの記者でした。このデスク会議というのは，新聞にのせる記事をこうしたらいいとか，ここがいいとか話し合う会議のことです。
> 　私たちが，「ブタ」に関する取材記事について話し合っているのを聞いた後，川本記者はいろいろなアドバイスをしてくれました。

たくさん観察して，相手の話をしっかり聞くことや自分や友達のわからないことを一生けんめいさがす大切さを教えてくださいました。

川本記者はたった2時間でたくさんのことを上手に伝えてくれました。さすが，本物の新聞記者だと思いました。私はこの1学期の取材でいろいろなことを学びました。2学期には今よりももっとすごい取材をして，いい記事を書きたいと思っています。

p4-1-1　デスク会議で助言してくださる川本記者

## 5．「切り抜き」から「取材」に連動

「新聞記事は活用するだけにとどまらず，そこから取材活動に結びつけるべきだ」。

かつて，『教育って何だ』など優れたルポを発表した尊敬するジャーナリストの故・斉藤茂男氏は，NIE活動に関する座談会で，上記のような趣旨の発言をしている。

わたしは，新聞記事の切り抜きや新聞記事を活用するにあたっては，上記の指摘を大事にしたいと考えた。「切り抜いた記事と関連する人物や場所」を取材することによって，報道されたことが自分たちの生活や学習内容とつながりがあることを少しずつ実感してほしいと願った。新聞の切り抜きや取材活動を通して社会的なニュースに関心をもつ子どもが増えることを期待した。

5年生のきらめき学習「ぼくらの食糧を　ぼくらの手で」では野菜や米を作り，豚を育てた。そして，身近な食糧や地域の農業について興味を広げ，「食と農」や「自己の生き方」に対する見方・考え方を深めていくことをめざした。そのために，「食」や「農」をテーマにした新聞切り抜きや取材活動を重視した。

2学期は新聞記事の切り抜きや米や野菜の栽培体験，豚の飼育体験などを振り返る場を設け，子どもたちの問題意識を集約し，次の取材に結びつけていった。

ここでは切り抜いた新聞記事をどのように取材活動に発展させたかを，順序

を追って述べていきたい。

> ① 最初の段階としては，子どもたちに興味・関心のある記事の切り抜きを呼びかけた。
>   ＊①の段階を通過して，初めて新聞記事に親しむ子が増えてくると思われる。
> ② 次に，夏休みに「食と農」のテーマに絞って3～5枚の新聞記事の切り抜きを呼びかけた。
> ③ このときには，できるだけ保護者の協力を得られるように，プリントなどで教師の意図をわかりやすく伝えておいた。
> ④ 集まった中から適切な記事を選び，選んだ記事を新聞活用カードにし，印刷・配布して授業に臨んだ。

## 6．個人，グループ，全体の順で「記事の感想の練り合い」

では，次に実際の授業場面を再現しながら，留意したことと子どもの主な反応を書いていく。

> 5年　国語　「新聞記者になって伝えよう」
> 目標「アイガモ農法の記事を読んで，わかったことや疑問に思ったことなどを整理し，次の取材活動への意欲や目的意識・質問内容などをはっきりしていくことができる」

まず，資料のような新聞記事（切り抜きカード）をさわやか学習（朝の学習）の時間帯に配布し，次のように指示した。

> T：この記事から，わかったこと，考えたこと・疑問に思ったことをカードに書き出しましょう。

新聞記事から得られる知識と読むことによって起きてくる考え・疑問などを整理していくことで，取材活動への知的な好奇心と問題意識を培うことができると考えた。

子どもたちは思い思いにカードにえんぴつを走らせた。弓子はカードに次のように書いた。

各個人が自分の考えをもったうえでグループでの話し合いをおこなった。

① この記事を読んで，何で自分より大きいイネは食べないのかと思いました。
② それと，カモより大きいイネの虫をとる方法はないのでしょうか。
③ 一つの田にどれくらいのカモを放すのかも知りたいです。
④ イネがどれくらい成長したときに放すのでしょう。田植えをしたらすぐ放して良いのでしょうか。
⑤ どれくらいの大きさのアイガモを田に放すのでしょうか。

m 4-1-3　新聞切り抜きカード

T：カードにもとづいて，グループ（通常の学習グループ）でわかったこと，考えたこと・疑問に思ったことを話し合いましょう。

　佐藤学氏は著書『授業を変える　学校が変わる』（小学館，2000年）のなかで，教科学習でも総合的学習でもグループにおける話し合い活動の重要性を指摘している。

　本学級では，日常的に一時間の授業のなかで短時間ながらもグループの話し合い活動を位置づけてきたので，少しずつではあるが，話し合いが和やかにできるようになってきた。今回もリーダーの司会で自由に話し合いをおこなった。グループでの話し合いは少人数なので，気軽におこなえて，ちょっとした疑問も口に出しやすく，楽しく学ぶ雰囲気が生まれてきた。

　グループでの話し合いに続いて，学級全体で話し合った。

T：学級全体で，記事からまずわかったことを整理しましょう。

　C：雑草や稲につく虫を食べる。
　C：自分より大きい稲は食べない。

C：化学肥料は使わないですむ。
C：アイガモの成長ははやい。
C：農薬の節約になる。
C：食べた人の害にならない。
C：僕たちの近くの小学校でやっている。
C：どれくらいで，アイガモは田に放せるのか。

T：「これはどういうことかな」「もっと調べたいな」ということをまとめてみましょう。

C：どれくらいでアイガモは田に放せるのか。
C：アイガモは手に入れたのか。
C：アイガモは田んぼから逃げないのか。
C：自分より大きい雑草は食べないのか。
C：どうして自分より小さい稲は食べないのか。
C：アイガモより他に，こうした方法はないのか。
C：アイガモは食べるものがなくなったらどうするのか。
C：自分より大きいのを食べないのはなぜか。
C：アイガモは大きくなったらどうするのか。
C：食べるものがなくなったら，アイガモはどうするのか。

　今回取り上げた新聞記事は子ども向けに書かれたもので，内容的には難しくないが，記事で確実にわかったことなのか，まだ疑問に思うことなのかを，子どもたちに問い返しながら，整理していった。

　疑問点（質問事項）をはっきりさせると同時に，今回の取材の目的が何かを，子ども自身がはっきり自覚できるよう，模造紙にまとめた。取材日にはアイガモ農家をはじめ，6つの取材先（市民生協，安城農林高校，養豚家，自然食品店，製菓工場，有機農法農家）に徒歩やバス，電車などで取材に出かけた。アイガモ農家の近藤さんを取材した弓子は次のような記事をまとめた。

―「自然を生かすアイガモ農法」――――――――――――――――――
　農薬や遺伝子組み換えなどの言葉をよく耳にするようになりました。そんな中で食と農を学習している私は，農薬を使わないアイガモ農法を知りました。そして，そのアイガモ農法のことをくわしく調べるために私は，アイガモの農家の近藤さんにお話をうか

> がうことにしました。
> 　愛知県安城市で農家を営んでいる近藤さんは奥さんとお母さん，お子さん二人と四人で住んでいらっしゃるそうです。近藤さんが育てているのは，米7ヘクタール，麦7ヘクタール，みつば26アール，ニワトリ約200羽とアイガモ50羽で，お米の中の50アールがアイガモ田で10アールに10羽ずつアイガモを放しています。
> 　このアイガモくんは茨城県から来ました。アイガモくんはアヒルとマガモのあいの子でとてもよく働いてくれるそうです。アイガモくんのお仕事は雑草を食べ，悪い虫を食べるので，除草剤や殺虫剤を使わずにすむのです。
> 　そんなアイガモくんを育てている近藤さんのお仕事は，①まず産まれたての子ガモを外気に慣れさせるため，7～10日，小さなビニールハウスで育てる。②イネとアイガモの成長が同じことを考え，田植えと同時にアイガモを放す。③田に放して2・3週間から1ヶ月ぐらいたつと雑草や虫とは別にえさをやり始める。④7月下旬から8月上旬ぐらいのイネの穂が出る前に，アイガモがイネをたおさないように田から引き上げたりする。実にたくさんです。
> 　こんなにすばらしいアイガモ農法をしている近藤さんの後継者はまだ分かりません。「子どもがあとをつぐかどうかは子どもにまかせる。でも私はトラクターに乗る人だけが農民とは思っていない。農業を指導するのも農民。」と農業をあつく語ってくれました。この話を聞いて，農業を真剣に考えてくれている人がいるのはとてもうれしいと思いました。

　弓子が書いた記事の一部は学級新聞の「食と農の特集号」の記事として掲載され，家庭に配られた。

　また，子どもたちが取材した「日本デンマーク」関連の記事は「がんばれ日本デンマーク　農業戸数減少に歯止めを」という大見出しで，中日新聞（2001年10月25日）の「いきいき新聞」の1ページ全部を使って掲載された。

　安城農林高校取材班の一郎がまとめた「養豚家をめざす高校生」の記事も準トップ記事として掲載された。一郎は農林高校には3回通って，高校生の蜂須賀くんに話を聞いた。それでも足りない部分は電話で再度取材し，記事を書き上げた。

　この「いきいき新聞」の記事には，岐阜県可児市の小学生や碧南市の中学生，そして保護者からも感想が寄せられた。

第1節 本物との出会いを求めて　123

m 4-1-4 子どもたちがまとめた「食と農」の特集号

2001年(平成13年)10月24日(水)　学級新聞「あさがお」　(食と農 特集号) 1面

## 安心安全新鮮の生協店!!

安城市立
作野小学校
5年3組
取材班

私たちは、粉を使って、安全でおいしく作っているのを見ていた。店長さんに遺伝子組み換え食品について質問すると、「反対です。安全ではないし、組合員の信頼がかけるので、何も作っていないので、すべてにあたらないんだ」と教えてくれました。お店に来るお客さんに、安全にこだわりおいしいものを作っていることが、強く伝わってきました。

生協を取材して、生協の組合員は8万人もいるそうです。お店の中にはパン、果物、品などがあり、リジナルの国産の小麦粉でパン、ぜんざいなどを作っているそうです。

（井上綾香）

### 遺伝子組み換えのはなし

私は、山田製菓へ遺伝子組み換え製品について聞くために取材に行きました。遺伝子組み換えしたトマトの苗に付着した害虫は全て死んでしまったからなんでもない。たかがなんだ。山田製菓では、遺伝子組み換えをした

### 生協のお客さんいでんし組み換えに反対

ぼくは生協でお客さんにアンケート用紙をくばりました。思ったより反対者が多かったのでびっくりしました。32人の内30人がいでんし組み換え食品に反対意見を出していました。（加藤拓）

### 安全安心で無農薬アイガモ農法

アイガモ農法を調べるために、私は、アイガモ農家の近藤さんにお話をうかがうことにしました。近藤さんが茨城県から来て、アイガモくんのあいたヒルとカモの子、とっても良い。「私はトラクターに乗る人だけは農民とは思っていない」と農業推進者も農民農業をあつく語ってくれました。（紙包）

アイガモ農法ルアイガモ田で、ルカアイガモ田で、10アールに10羽ずつ放しています。雑草や、悪い虫を食べる事で、除草剤や殺虫剤を使わずにすむのです。近藤さんが

一切食べませんでした。私は、食べ物を作っている会社なのに安全な物を食べてほしいという気持ちもなくなっちゃった。さらに、食品後のことだけではなく遺伝子組み換えのしかた、悪い理由等もしっかりと知っていて感心しました。（紙包）

m 4-1-5　中日新聞に掲載された

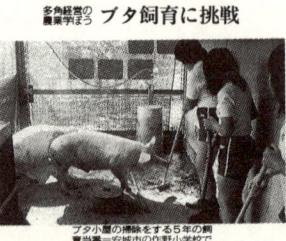

## いきいき学習　NIE (News)

### 「ブタ屋」目指し勉強中

**出産を見て決心**

安城農林高　蜂須賀一郎さん

【小出　輝特派員】「将来ブタ屋になる」。こんな夢を持っている高校生がいると聞いて取材しました。

蜂賀一郎さん、日本百周年を迎える県立安城農林高校の一年生。同校を卒業しOBで、千二百田人の五人で、ブタを育てています。蜂須賀さんは親戚の仕事を手伝っておおさい頃から初めて、ブタを育ててきました。初めてでも、「育てるうちに、か

「ブタ屋になる」と熱っぽく夢を語る蜂須賀一郎さん＝安城市の安城農林高校で

わいくなり、だんだんとようかわいくなって決めた。その後でこうと決めたのは小学六年の時。「ブタ屋になろう」と思った。

それを見ていたがぼく、どんなえさがいいのか勉強しています。もちろん家でも、お父さんにいろいろ聞いています。豚の仕事を手伝い、ふんの残飯を食べさせてやることや、水をはやして豚の周りをきれいにするのも大変な作業です。それからには、豚の周りをきれいにしていることです。モンモンくさくていやなにおいがぼくにはついたんだ。それでも、ぼくもやるんだ、と思って、たいへんなことでもがんばらやっていくつも朝五時から起きてもんばっています」と話してくれました。「近くをあるだけでも、しっかりいい話ししてやろう」と思いました。

### とっしん怖がった

**多角経営の農業学ぼう　ブタ飼育に挑戦**

【杉山理恵、橋本望希特派員】安城の農業のように、多角経営は安城市の作野小学校ので中野の加藤たん、難波さんに話を聞いて、五月二十九日、JA安城の生産組合長さんから、生後四十日のブタ三頭をゆずって

ブタ小屋の掃除をする5年の飼育当番＝安城市の作野小学校で

もらい、当番の交代で世話をしました。
ブタは、ビニールのようなものを食べとうとしていて、とってもおかしいけど、本物のブタと聞いて、びっくりしました。「かなりは食べて、思ったより男子が強くて、ブタが元気でいいけれど、家にある大変な。加藤さんと難波さんのブタの処理場見学の話を聞いて、ウジ虫までいるなんて、かわいそうでした。「ブタは元気ですか」と気管しました。
加藤さんのお話が、「いせいせいかなり」というじょうぶではないのでとても「しっかり管理しないとけないんだ。」と心配したけど、ブタはほっとしているってきいていうですが、なってしまうのはかわいそうだと思って、心配しました。

### 守ろう日本農業

安城市の農家の変化（安城の統計資料より）

小さく、天候のせいで収穫が悪いと、それについて、日ばに、日本さんは農産物の種が悪いとやめられなくなって田や畑を作ったりするときもあったし、と言ってくれました。

大学は農業学部にすすみ、さらに勉強してから農業をいだてきたら、収益があがらなくなったと国がもっと農業気象のセーフガードに関する制限するセーフガードに関する制限がとけなくなったと話していきました。「日本デンマーク」と呼ばれる安城の農地も、できるだけ日本の農産物を食べて、伝統ある農業を大切にしなくてはと思いました。

朝早く、イチジクを収穫する野村繭さん＝安城市の野村さん方の畑で

第1節 本物との出会いを求めて

子どもたちの取材記事（2001年10月25日付）

## 頑張れ日本デンマーク

### いきいき新聞

**農業戸数減少に歯止めを**

作野小学校 取材班
（愛知県安城市）

【落合賀奈美特派員】愛知県安城市を中心にした西三河地方は以前、「日本デンマーク」と呼ばれていました。模範となる農業で、全国から注目を浴びていたのです。そこで生まれ育った私たちは、福岡学園で、「ぼくらの食糧をぼくらの手で」というテーマのもと、安城の農業について勉強しています。この地方の農業の昔と今をまとめました。

【新美彩加特派員】私たちの第一印象は「農業は明るい」。地元の学習のため、本当に大切な食べ物を作る農業の次代を担っているのが少ないのが、農家の今と昔のグラフを見て、今の農業を知りました。安城市の農家の総数が昭和四十五（一九七〇）年には六千五百四十戸だったのが、昨年は二千五百八十戸と、大変減った。今の農家は、専業農家の少なさに驚いたこと。画面の佐藤嘉昭保育園のが生の第一種兼業農家のほかの職業が主の第二種兼業農家が昨年で千九百十六軒あり、これらのカを合わせているんですよ。

**イチジク栽培、日本一**

【渡辺優特派員】安城市内で急増、市内に276軒の農家

転作で急増、市内に276軒の農家は、今、イチジクの日本一。「米を育てるだけでは、国のために十分でない」と、イチジクを作り始めたのは昭和四十七（一九七二）年のころからイチジク栽培を始めた人たちが多く、東京に出荷します。「最もイチジクが盛んなのは朝四時ごろに起きて収穫し、午後に野村さんの畑では二百と十六軒あります。野村さんはビニール露地栽培の両方を行って収穫するので、その家は急に増えて、今では安城市内だけでも二百三十軒を育てるために大変。野村さんに肥料をあげる農業の話で「農家の大変さがわかった。野村さんの畑では大変ですけれども、「がんばって、教えてもらったのがきっかけで、『米を育てるだけでは日本のためにならない』と言います。私たちは野村さんのようにがんばって、栽培を続けてほしいと思いました。」

**米中心の多角形農業**

日本デンマーク 起源は大正期

【橋本望】私たちの学校のある地域、日本デンマーク農業を中心とする地域では、「日本デンマーク」と呼ばれる農業について話し合う場を大正末期のことで、安城農林高校の生徒たちがアンケートを行ったところ、今のようなふさがなくなっている。この新聞を読んだ方々には、この地域の農業を応援してほしいと思います。

特派員は次の極さん、落合賀奈美、小出一輝、杉山理恵、新美彩加、橋本望、東松美、優（いずれも作野小学校五年）、渡辺

してきた増田さんは、ちょうど「日本デンマーク」と呼ばれ始めた時期に生まれ、その移り変わりを知っている。増田さんに聞くと、お父さんが戦争から帰ってきて、一九五三年、小学校に入学するころから、安城市のことを「日本デンマーク」と呼び始め、本当にすごいと思いました。

○　まさか中日新聞の1ページを使ってあんなに立派なものとは思いもしませんでした。……安城に住んで13年ですが，子どもたちの記事から安城の農業の様子を学ばせていただきました。毎日の食卓はどうしても手抜きになりがちですが，時間があれば，子どもと材料選びや一緒に料理することをしていきたいと思います。

（保護者の河合さん）

○　各特派員の皆さんたちはすばらしくよく調べてあると感心いたしました。私たちが常日頃簡単に口にしている食物の裏にはいろいろな苦労や努力があったのだと改めて思い知らされました。専業農家を継いでいただける方が急速に減少しつつあることで輸入化も考えられますが，やはり国内産のものの方がたとえ価格が高くても安心できるのではないでしょうか。アンケートに答えていただいた農林校の生徒さんでさえ5分の1くらいの人しか農業の仕事には就かれないのかと思い，先のことが少し心配になります……。

（保護者の橋口さん）

　感想を寄せてくれた岐阜県可児市の小学生とは直接電話で話し合う場面を設けた。「養豚家をめざす高校生」の記事を書いた一郎は国語の授業のなかで，可児市の小学生と携帯電話に簡易スピーカーをつけて記事について話し合った。「取材で苦労したこと」をたずねられ，一郎

**岐阜の小学生の感想文の一部**

私はこの記事を読んで弓子さんがすごいと思いました，理由は弓子さんがいろいろな人に話を聞きにいってるし，自分で昔と今の移り変わりを調べているからです。本当に5年生が書いたのって思いました。……これからもがんばってください。

は「詳しく聞くために何回も取材にいった」ことや「わかりやすくまとめるのに苦労した」ことなどを岐阜の小学生に説明した。このやりとりは学級全員で聞いた。

　記事を書いた子どもたちは「記事が本物の新聞に載ったこともうれしいけど，記事の感想をいってもらったり，感想の手紙を書いて送ってもらったことはもっとうれしい」と喜びを素直に表していた。

## 7．悪戦苦闘　2頭の豚，「トン吉・サクラ」の飼育体験

　子どもたちのものの見方・考え方を豊かにし，深めていくための一つの方法として，新聞記事を活用した。新聞記事の切り抜きをしたり，その感想を書い

たりするという日常的な活動を基盤にして、きらめき学習や国語で新聞記事の効果的な活用法を探った。次の実践はその一例である。

　5年生のきらめき学習「ぼくらの食糧を　ぼくらの手で」では、1学期は社会科の食糧生産の学習や家庭科の調理実習体験を生かして、身近な食糧や地域の農業について学習の展開を図ってきた。そのなかでも中心的な活動になったのは、豚の飼育である。
　安城市内の養豚家・加藤さんの協力もあって、子どもたちは生後40日前後の子豚を夏休み直前から飼い始めた。子豚は見る見る成長し、12月に入って出荷の時期を迎えた。豚の世話をしているときには多くの子が、その独特な臭いと糞尿の始末の大変さに音をあげていたが、いざ出荷となると複雑な気持ちを抱く子どもが増えていった。
　出荷され、食肉になるという現実が実際にせまって初めて、子どもたちは生き物の命と自分たちの食べ物とが実感としてつながるようになってきた。トン吉とサクラの出荷をめぐって話し合いをした後に、弓子は豚の飼育体験を振り返って、次のように自分の気持ちや考えを書いた。

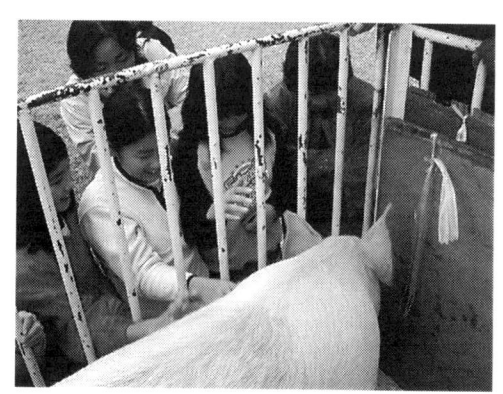

p 4-1-2　トン吉たちとお別れする子どもたち

──「トン吉とサクラの飼育で考えたこと」──
　トン吉とサクラの飼育をしてまず思ったのが、「くさい」ということでした。小屋に入るまで何かためらってしまいました。
　いざ、小屋に入ると、トン吉とサクラが私の方によってきました。最初は、「キャー」と言って驚きました。でも、そのうちかわいく思えてきました。今考えると、私にかみつきもせず、慕ってくれていたのに、人間はその豚を殺し、その肉を食べているなんてずるい感じがして、自分のことを少しいやだと思いました。豚から見てもひきょうだと見えると思います。うらぎりものみたいな気がして、悲しくなりました。
　2回目の飼育の時、すごく大きくなったなと思いました。でも大きくなったというこ

> とはお別れの時ももうすぐだという感じで，悲しくなって，少しどきっとしました。
> 　<u>私たちはトン吉とサクラにお別れをする日の直前に話し合いをしました。私はトン吉とサクラにお別れしたくなかったです。だから，最後に私の言いたいことをぞんぶんに言うことができました。</u>
> 　トン吉とサクラに自分たちのことを真剣に考えてくれているということがわかったら，喜んでくれたと思います。
> 　トン吉とサクラが出荷されていくとき，私が行ったころには，もうトン吉とサクラは荷台の上でした。その時，トン吉とサクラはいつもと同じ低い声で鳴いていました。「ブーブー」私たちのほうを見て，こう鳴いていました。訴えられているようで，ぐっとしました。だから，鼻をなでてやりました。かわいいと思って何度も鼻をなでてやると，気持ちも落ち着きました。最後まで愛されていてほしかったので，これからお世話になる加藤さんへのお手紙に，「死ぬ少し前までかわいがってやってください」と書きました。今まで食べられていた豚と，その豚を育てていた養豚家の人たちの気持ちを，少し感じることができたと思います。

　豚の世話は思った以上に大変で，教師も子どもと一緒に世話をしたが，そのにおいは強烈であった。世話をしている最中は正直なところ，わたしもはやく出荷したいとさえ思った。子どももわたしたち大人と同じ感想を持っていると思った。しかし，子どもたちの思いはもっと多様であった。
　トン吉・サクラという2頭の豚の出荷をめぐっておこなわれた話し合いのなかで，子どもたちのなかにまだ飼い続けようとする子が多くいたのには驚かされた。豚の飼育体験は，豚との別れを経ることによって弓子のような新たな感慨を生み出した。

### 8．「食」と「命」を新聞記事を基に考える

　豚を出荷して3日後，豚の飼育体験をさらに深化させたいと考え，2つの新聞記事を基にディベート的話し合いの場面を設定することにした。
　2つの新聞記事とは，教師と子どもが切り抜いた次のような記事である。

> ○　総合学習先取り「育てたニワトリ，殺して食べよう」
> 　　　保護者が反対，中止に　秋田の小学校　児童は賛否両論

鶏を飼育した後，食肉として処分，その肉を子どもがカレーを作って食べる……目前にした12日，中止になった。（朝日新聞，朝日小学生新聞　11月13日付）
○ 生と死　どう考える　ニワトリ殺して食べる　教師の卵たちが挑戦
金沢大学で「教育」を学ぶ学生たちが，ある実習に臨んだ。「ニワトリを殺して食べる」―。
　腰を引きそうなテーマにあえて取り組んだ教師の卵たちは，自らの行為から生と死に思いをめぐらせた。　　　　　　（中日新聞11月14日付）

私はこのディベート的話し合いをするに当たって次の点に留意した。

① 自分たちの体験（今回で言えば豚の飼育体験）が生きるか。
② 資料として用いる新聞記事がタイムリーで子どもの興味・関心を呼ぶか。
③ 賛否両方の立場の考えを十分理解できるか。（新聞記事の内容が小学生に理解可能か。）
④ ディベートをする前に準備の時間をとったか。

第1の記事を読んで，感想を書く時間をとった。弓子は感想欄に，次のように「ニワトリを解体する」という試みにはっきり反対する自分の考えを書いた。

　目の前で解体するのは，おかしいと思う。保護者が「自分の子どものころさばいて食べるのはふつうだった」と言っていますが，子どものころにやるようなことではないし，「ニワトリがじたばたしておもしろい」とか，「もっとやりたい」とか，そんな残酷な気持ちが育つだけで，子どもがそこから命が大切ということを真剣に考える子はごく一部なのではないか。こわいという恐怖心をだいて生き物の調理ができなくなるかもしれないのではないか。そんな心配もあり，むりやり殺す所を目の前で見せられても，「いやだ」「見たくない」という子がいてもおかしくない。それは子どもだから。
　そして，今一番私が言いたいのは逆効果になる可能性もあるわけだということです。

第2の記事については，次のように弓子は自分の感想を書いた。（注：この感想には，東京の小学校で豚の肉や内臓をソーセージなどにしているビデオを見た感想も含まれている。）

m 4-1-6 切り抜きカードと子どもの感想

新聞切り抜きカード　　月　日
名　前〔　　　　　〕

①この記事を読んで，分かったことは何ですか。箇条書きにまとめましょう。
②記事を読んで，考えたこと，思ったことを書きましょう。

［新聞記事：「保護者が反対、中止に」「総合学習先取り『育てたニワトリ、殺して食べよう』」「秋田の小学校 児童は賛否両論」］

③あなたは「食べるのは賛成・反対どっちですか？」（賛成・反対）

感想　瞬で解体するのはおかしいと思う。保護者の方がみ子供のろさないでたべるのはふつうだったと言っていますが子供がろにやるような事ではないし、ニワトリかしばたしておもしろいいとか、ほってやりたいとかそんなななだな気持ちがありたけど子供がそうがそうが大びという事を真剣に考えるのはく一部ではないか。もしいときょうふに心をいだいて、生き物の料理ができなくなるかもしれないいではないかそんな心配もあり、むりやり殺す所を目の前で見せられてもいけたいい食べたいといっちかってもおかしくない。それは子供がろうして今、が私が書いたのは逆効果になる可能性もあるかけたという事。

第1節　本物との出会いを求めて　　131

m 4-1-7

> 　読んでいてどきどきしました。Aの記事の所で，加瀬さんの「思ったより，あっさりできた。」とCの記事の所で「あったかい」がすごく心に残って，人間ってそんなふうに感じるんだと少しこわくなりました。
> 　さっきまで生きていて，自分たちの手で殺したのに，笑顔でごはんを食べたり，豚の頭や内臓を見て苦笑いする……，ふつうの人なら，ただ「変」と思うだけかもしれないけど，私は「これが人間なんだ」と感じました。

　2つの記事をしっかり読んで感想を書いた後，ディベートに入った。今回のディベート的話し合いは，「人間は生き物を食べて生きているということを学ぶために，ニワトリを解体して食べるという試みをすべきである」という論題のもと，学級を機械的に2つの立場に分けておこなった。

　この論題に対して，本来は「反対」の立場である弓子はディベート的話し合

いでは「賛成」の立場になってしまった。
　以下は実際の授業の記録である。

―『授業記録』―

T　：『人間は生き物を食べて生きているということを学ぶために，ニワトリを解体して食べるという試みをすべきである』という論題に対して賛成，反対の両方の立場から意見を発表してください。

かず：残酷だという意見がありますが，殺して食べるというインパクトがあるからこそ，この大事さが伝わると思います。

くみ：命の大切さを知るとてもいい勉強になると思います。

なみ：殺すのではなく，育てるということで命の大切さを学ぶべきだと思います。

弓子：育てるということは，死ぬまで育てるということですか。

なみ：死ぬまででなくても，できる限りということです。

あんな：残酷とかひどいという人もいるけど，自分たちは食べているし，食べていかなければ生きていけない。命をもらっている。ありがたみをもって食べることが大事だと思います。

くみ：頭では分かっていることでも，感覚ではついていっていないので，殺して食べると言うことで初めて本当にわかると思います。

かなこ：目の前で殺さなくてもいいと思います。

かず：殺せばいいというものではなくて，ありがたみをもって食べるということです。

あい：私も鶏肉食べるけど，目の前はいや。

くみ：昔は当たり前のことだったと思います。

つかさ：そういう仕事とかをやっている人に任せればいい。

T　：自分ではいやだということだね。

かず：殺す人がいなければ食べれないわけで，目の前で見て，やって学ぶのが大事だと思います。

かなこ：そういう仕事をやりたい人がやればいいと思います。

あんな：目の前でやるから意味がある。人がやるんだったら，意味がない。目の前でやるから意味があると思います。

T　：他の人にやってもらったら大事なことが分からないということですね。

かな：一生懸命育てたのを食べるのは残酷。

弓子：大切に育てたからこそ，食べる。思いを込めて食べてあげる。育ててくれた人のおなかに入るのも幸せじゃないかな。
　　　（略）

あい：さっきの弓子さんの言ったことですけど，ただ目の前で殺すのは私はいやです。

第1節　本物との出会いを求めて　133

T　：「いやだからやりたくない」ということですか。
さとし：やる人がいなければ，食べられないと思います。
T　：いろいろ出てきたから，ちょっと整理しますよ。この論題に賛成する側の意見は
　　　「① 殺して食べるというインパクトがあるから，このことで命の大切さや食べて生
　　　きているということがわかる」「② 頭でわかっていることでも，体験を通して初め
　　　てわかる」
あい：先生，何がわかるんですか。
T　：生き物を食べて生きているということは，頭ではわかっているけれど，殺して食
　　　べるから実感としてわかると言うことですね。命をもらっているということが。反
　　　対意見は，「① 育てることで命の大切さを学ぶ方がいい」「② 一生懸命育てたもの
　　　を食べるのは残酷」ということですね。
あんな：みんな，残酷・残酷って言うけど，気持ち悪いと思っているから大切だと思っ
　　　ているからありがたみをもって食べる方がニワトリにもいいし，命の大切さがわか
　　　ると思う。スーパーのパックではありがたみはわからない。
　　　（略）
T　：みんなのやりとりを聴いてみて今，2つの試みをどう思いますか。
　　　立場を離れて本当の自分の考えを言ってください。
かず：賛成です。自分のためにもなると思います。知るチャンスは滅多にないと思う。
あんな：このことによって，命の大切さがより良くわかるから賛成です。
ゆうき：賛成です。こういうチャンスは滅多にないから命の大切さがよくわかると思い
　　　ます。
くみ：このことで，加藤さんが言っていたように豚の供養になると言っていたけど，あ
　　　りがたみをもって食べるようになると思います。
弓子：反対です。ニワトリがじたばたして，面白いとか，怖い怖いとか，そんな残酷と
　　　かいう気持ばかりで，そんなこと（ありがたみ）を考える子どもが少ないと思う
　　　ので反対です。命が大切だからこそ，私は殺したくないです。
あんな：今は残酷だと言ってる人が多いけどこういうことで心を入れ替えたら，いいこ
　　　とになる。
弓子：こういうチャンスがないと言ってるけど，チャンスがないとやるんですか。
ゆうき：チャンスというのは鳥の命を使って学習するチャンスはめったにないという意
　　　味です。
いちろう：じゃなくて，どうして命を奪って食べているのかを考えた方がいいと思います。
としひろ：賛成です。生きるためには仕方がないです。（略）

ディベートを終えて弓子は次のような感想を書いた。

┌─「食」と「生き物」と「命」───────────────────┐
│
│　今日で，トン吉とサクラとお別れして，ちょうど1週間たちました。初めての飼育の時はくさいと思いました。けれど，人なつっこくかわいいトン吉とサクラを私は好きになることができました。トン吉とサクラはかわいがっていたから，出荷するとき，悲しくなり，私は自分をずるいと思いました。
│　そして，その後私は「生き物を食べて生きているということを学ぶために，ニワトリを解体して食べるべきである」という論題でディベート風に立場を決めて話し合いをしました。自分は「反対」だったのに，「賛成」という立場になりました。そこで，<u>私は「大切に育てたから食べる。思いを込めて食べてあげる」という意見を出しました。その言葉は自分自身に言い聞かせているようで，私の心がずきりとしました。そうなのかもしれない，そうなのかもしれない……。自分は自分にずきりとして，気持ちが揺れ動きました</u>。そこで私は考えました。「食」と「生き物」と「命」はどうなっていけばいいのか，どうすれば良くなるのか。
│　考えた末，最後に私が出した結論は，命は本当に大切。人の命も，動物の命も。その動物の出荷まで，人は動物の命を大切にする。出荷されたら，動物は人に食べられ，役に立つ。そして，人はそれを感謝して食べる。そうやって，「食」と「生き物」と「命」は成り立っていけば良いのではないでしょうか。
│　生きていくためには，ぎせいにしなければならないもの。それとうまく関係をとって人は生きていって欲しいです。
└──────────────────────────┘

　上記の弓子の書いた感想を読むと，「賛成・反対」2つの考えの間で「気持ちが揺れ動き」ながら，自分の考えを深めていったのがよくわかる。

　当初，弓子は「ニワトリを解体する試みに反対」の立場であった。しかし「賛成の立場」になった弓子は「<u>大切に育てたからこそ，食べる。思いを込めて食べてあげる。育ててくれた人のおなかに入るのも幸せじゃないかな</u>」と，本来の自分の考えとは異なる「解体授業に賛成」の立場で考え，理由を述べた。

　そして，授業の終盤で本当の自分の考えを発表するときには「<u>反対です。ニワトリがじたばたして，面白いとか，怖い怖いとか，そんな残酷とかいう気持ちばかりで，そんなこと（ありがたみ）を考える子どもが少ないと思うので反対です。命が大切だからこそ，私は殺したくないです</u>」と，自分の反対理由を力説した。

「ニワトリを解体する試み」を考えるなかで，弓子は賛成・反対の立場を超え，「食」と「生き物」と「命」の関係にまで考えを深めていった。「トン吉・サクラ」を飼育し，出荷するときには「私は自分のことをずるい」と見つめていた弓子が，このディベート的話し合いを経て，「生きていくためにはぎせいにしなければならないもの。それとうまく関係をとって人は生きていって欲しいです」と書いた。「トン吉・サクラ」の飼育体験やこのディベートの話し合いを通して，真剣に考え抜いた弓子の姿を見た思いがした。「生きていくためには，ぎせいにしなければならないもの。それとうまく関係をとって人は生きていって欲しいです」という最後の一文には，弓子の強い願いを感じた。

## Ⅱ　こちら　子ども新聞編集局（6年生）

今まで，低学年では生活科のなかで，高学年では主に国語科や総合的学習のなかで新聞作りや新聞活用を核にした取り組みをおこなった。それらの実践はある時には，「学級作り・仲間作り」のためであり，ある時には学習の中核をなす活動であった。次に，6年生を担当したとき（1999〈平成11〉年度）の実践を述べる。

### 1．記者から取材の体験談，奈良で一日取材

6年生最大の行事である修学旅行のキャッチフレーズは「本物との出会いを求めて」であった。それは同時にきらめき学習のテーマでもあった。わたしたちは「本物」を「① 歴史的遺産・遺物 ② その道のプロ（専門家）③ 特別な体験を持った人 ④ 懸命に生きる人」と意味づけた。そして，子どもたちには1年間を通して「本物との出会いを求めて」いくことを繰り返し伝えた。

p 4-1-3　体験談を話す八木記者

まず，修学旅行で行く奈良市周辺を丸一日取材の場にしたいと考え，事前に中日新聞記者を招いた。「取材で大変なのは」「楽しいことは」「一番の特ダネは」「間違った記事を書かないようにするには」など，子どもたちは中日新聞記者にあらかじめ考えていたたくさんの質問をした。記者は「聞きますという感じではなくて，ふつうに話をしながら聞いていく」「一つ一つの文章を短くして記事をわかりやすくする」「メモをきちんととる」など子どもたちの質問にていねいに答えてくれた。また「読者から提供された情報をもとに，飛行機が低空飛行で飛んで危険なことがあったという特ダネを書いた」体験談や取材のおもしろさを子どもたちに話してくれた。
　「本物」の新聞記者の話を聞いて「すごく新聞に興味をもちました」「記者が言ったとおり，話を聞く人の目を見てしっかり聞きたいと思います」「むずかしく考えるよりも，書くことを楽しくやればいいということがわかりました」「言われたことをやって，いい学級新聞を作りたいです」などと，子どもたちは感想を書いた。
　子どもたちは修学旅行前に自分で集めた資料や教師が用意したパンフレットで取材・見学場所を決め，交通手段や日程などを班ごとに調べていった。そして丸一日の取材計画を立て，修学旅行にのぞんだ。
　当日は，奈良公園周辺のみを回った班もあれば，宏一たちのように奈良公園からバスに乗って法隆寺まで足を伸ばした班もあった。取材時間が十分あったので偶然出会った人力車の車引きの方にインタビューした班や歴史教室に顔を出した班もあった。
　亜美たちの班は奈良県庁に行き，鹿愛護センターのことを聞き出した。亜美たちは県庁でもらった案内図を頼りに鹿愛護センターを訪れ，担当者から鹿にかかわる興味深い話を聞くことができた。また，鹿に関する貴重な資料をもらった。資料には奈良公園の鹿の歴史や生息数の変化など興味深い事実が書かれていた。
　亜美たちの鹿へのこだわりは安城に戻ってからは安城公園の鹿について公園

m 4-1-8　学級新聞の「修学旅行特集号」

緑地課に取材するという行動に結びついていった。それは学級新聞第1号のトップ記事になった。

## 2．安城の和菓子屋取材で和菓子作りを体験

修学旅行の2日目に，訪問先の「体験コース」で子どもたちは，それぞれが希望する「生八ッ橋作り」「まゆ人形作り」「京野菜まんじゅう作り」などをおこない，「本物」を味わった。この生八ッ橋作りなどの体験は安城周辺の和菓子調べにつながった。

安城の和菓子を手分けして買い集めたところ，安城特産のイチジクやナシを使った和菓子などもあることがわかった。学級通信で和菓子のことにふれると，和菓子に関する新聞記事やインターネットで取り寄せた情報を持ってくる子などが増えた。その和菓子の記事や情報を紹介して，直接，和菓子屋さんに行って取材しようという機運を高めるようにした。最終的に，学年全体で18軒のお店をリストアップし，取材する店を決定した。学級通信で次のように子どもたちに呼びかけた。

---

**話は目を見て　　誠実な態度で取材を**

月曜日に取材する店が決まりました。次のとおりです。
1班　北城屋　　　御幸本町
2班　ふじやパン　桜井町
3班　両口屋喜泉　知立市新地
4班　浜江屋　　　花ノ木町
5班　桝見屋　　　花ノ木町
6班　錦盛堂　　　知立市長篠新田

行き方・行く方法を調べましたが，月曜日の取材を確実なものにするためには，下調べも大事だと思います。
　お家の方の都合がつけば一緒に，そうでなければ地図やそのほかの方法で場所をしっかりと確認しておきたいものです。
　さしあたって夏にふさわしい和菓子をつくるために取材に行くわけですが，せっかくの機会です。特ダネもものにしてきましょう。
　ちなみに6班の考えた質問事項は次のとおりです。とてもよく考えられています。
〇作り方や材料を教えてください。　　〇失敗した和菓子はどうするか。
〇どんな和菓子が売れているか。　　　〇工場で作っているのはあるのか。
〇和菓子を作るのにどれくらい時間がかかる　〇自分たちで作っているのはあるのか。

第1節　本物との出会いを求めて　139

　　○年中，品物はいっしょか。
　　○1日にどれくらいの人が来るか。
　　○夏に一番売れる和菓子は何か。
　　○何品くらい売っているか。
　　○砂糖が一番多く使われている和菓子は？
　　○自分たちで作っているもので作り方を教えてください。
　　○知立名物は何か。
　　○1日に何個くらい売れるか。
　　○この店はいつできたか。
　この質問事項を見て驚きました。実によく考えられています。すばらしいです。きっとチームワークがいいのでしょう。
　6班のメンバーは健二くん以外に，安藤香奈さん，斉藤しほさん，野田祥子さん，後藤壮一くんです。いい取材が期待できそうです。
　6班の他では，5班の質問事項にも感心しました。必ずいい取材ができると思います。八木記者の話を思い出して，誠実な態度で取材をしてください。

　取材先への行き方を調べ，そして，質問内容を班ごとに相談して出かけた。半日間の取材であったが，どのお店も協力的で，取材はもちろんのこと和菓子作りなども体験することができた。また，おみやげにまんじゅうをもらったり「学校で和菓子を作る時に使って」ということで特製の材料をもらってくる班も出た。
　そのときの取材班のようすは学級通信で次のように紹介した。

### 教わったくずまんじゅうの作り方
**きらいだった和菓子…甘くておいしかった　出してくれたくずまんじゅう**

　今回は，桜井のいそ屋さんを取材見学した村野加世子さんと知立の両口屋喜泉さんを訪ねた酒田　愛さんの取材報告文を紹介します。
　私たちの班はいそ屋さんに行きました。…看板はとっても古そうな看板でした。でも中はとってもすずしくてけっこうきれいでした。
　夏におすすめの和菓子はくずまんじゅうと水ようかんだと言っていました。……私はこの前まで和菓子がきらいでした。おじいちゃんが買ってくる和菓子でもあまり食べませんでした。
　私たちが質問を聞いている時に，主人の奥さんがお茶を出してくれてうれしかったです。とちゅうでくずまんじゅうを食べさせてもらいました。とってもやわらかくてあまかったです。とってもおいしかったです。店に来ていたおばあさんが「冬になると，店に出るくらい人がならんでるよ」と教えてくださいました。夏になると，あまいものがくどくなるのであまりうれなくなると言ってました。
　ご主人は，私たちにやさしく教えてくれました。水ようかんとくずまんじゅうの作り方も教えてくださいました……（このあと作り方が詳しく書いてありました）

**池鯉鮒野（ちりぶの）からわかった知立（ちりゅう）の名前の由来もとは江戸時代**

　私たちは電車と歩きで知立の両口屋喜泉に行きました。……そのお店は外見はすごく古

> かったです。……中に入ると外見とはまったくちがいました。……中はきれいでした。いろいろな和菓子がありました。…「おはよう」と，主人のむすめさんが来ました。店の主人は，くもち（？）を作っているとちゅうでした。
> 　……はじめに作り方やどれくらい時間がかかるかなどを聞きました。質問をいっぱいしました。わかりやすく，やさしくていねいに話してくれました。とちゅうで和菓子を出してくれました。……全部で4つもらいました。最初に水ようかん，さかもとまんじゅう，ちりぶの，くもちとおなかがいっぱいになりました……。
> 　休けいを終えてちゅうぼうにもどったら，おばさんが「さあこれから本番だよ」と言いました。真剣に見ました。1月，2月，3月と12月まで（の和菓子を）作ってくれました。あじさいなどは工夫されて，しずくが寒天でした……。7・8分でやるのでプロだなあと思いました……。
> 　まんじゅうの「ちりぶの」というのは「池鯉鮒野」と書きます。江戸時代初期の東海道に宿場が設けられたとき，池鯉鮒の文字で指定され，現在の知立市につながりました……。
> 　来たのでお礼をし，（作ってもらった）季節まんじゅうを手にもち無事に帰ることができました。

　和菓子屋さんの取材が終わると取材報告会を開き，取材先にはお礼の手紙を書いた。子どもたちの取材記事やお礼の手紙を読むと「プロの腕前に驚いたこと」や「お店の人がとても親切に応対してくれたこと」などがとても印象深く心に残っていることがわかった。また，上記のように和菓子の名前から地名の由来を知るなど貴重な生きた学習を経験することができた。

　和菓子屋さんの取材は，有志が特集号にまとめた。その後も3・4回和菓子屋さんとの交流ができ，夏の和菓子，秋の和菓子作りなどを体験させてもらう班も出た。1学期の終わりには夏にふさわしい水まんじゅうや，もらってきた材料でお店の職人さん直伝の「自慢の和菓子」作りをおこない，学級全体で楽しむことができた。

### 3．「本物との出会いを」新聞記事に求めて

　1学期は修学旅行での一日取材と生八ッ橋作り体験などから，「和菓子」や「和菓子職人」が取材対象となっていったが，夏休みをはさむと，しだいに子どもたちの興味・関心が拡散し，薄らいできた。

　そこで2学期には本格的に新聞の切り抜きを始めた。つまり，「本物との出会い」を新聞記事に求めることにした。前日の新聞を全員が持ってくるようにし，朝の会や授業時間を使って，新聞記事を読み，気になる記事は切り抜くよ

m 4-1-9　和菓子屋さん特集号

1999年7月4日　6－3学級新聞きかんしゃ　第2号

きかんしゃ

安城市立
作野小学校
6年3組
第2号

## 楽しかった錦盛堂

私は、知立の錦盛堂というろ和菓子屋さんに行きました。

中へ入っていくと、もう用意がしてあったので私はビックリしました。ご主人は「いまから、くずまんじゅうを作るからね」と言いました。くずまんじゅうというものは、食べたことがなかったので、どんなものかワクワクしました。

ご主人が、なべにくず粉、水、砂糖を入れました。そして、火をつけて、しゃもじでまぜました。

私は、手つきがはやくてすごいなと思いました。まんべんなくまぜていました。次にあたたかいうちにまあるく形をととのえていました。

ちょうじんは、やはりすごい!!

ご主人は、「次は、キミたちにやってもらうからね。だから、よく見ておきなさいよ」と言いました。そして順番にやっていきました。

いよいよ私の番です。金べらという道具をつかいます。まるくきれいに形をととのえてポトンッと、ビニールの上にのせました。ご主人が、「うん、うん、みんなじょうずだね。」と言ってくれたので、私はとってもうれしくなりました。へんになった所を直してくれて、水で粉を流しました。さめるまでまって、さめたので、もって帰らせてもらいました。とっても楽しかったです。

くずまん

絵（安部香織）
記事（佐藤真子）

## 手作業で作られていた、北城店のまんじゅう

北城店の工場。

工場といえば、中は和がしのにおいでいっぱいの大きい所、と思っていましたが、その予想は大ハズレ、中は和がしのにおいのしない小さな所でした。

「季節によって和がしの種類はちがってくるんですか」

「変わりますね。一季節五十種ぐらいでしょうか」

質問した後、工場の中を見せてもらいました。働らいているのは十人くらいでしょうか。あんこは三つのなべに入っていました。その横で、手作業でおまんじゅうを作っていました。おまんじゅうはおいしかったです。

また、総合学習をしたいです。

プルプルした水まんじゅう

プル～

（服部紘子）

## 大福もちを作ったよ

6班

6月26日に、浜江屋さんへ下見に行きました。浜江屋さんに入った時、おじさんが、お茶とおにまんをくれました。あまかったです。

おばさんとむす子三人でやっている古い店でした。

28日に、班で浜江屋へ行った時も、ういろとお茶をくれました。質問い外にも大福もちを作らせてもらいました。最初、機械でもち米をついて、つきたてのあついおもちを好きな大きさにちぎってあんこを中に入れました。おじさんはうまく作っていてさすがプロでした。

浜江屋さんに、たくさんお礼を言いたいけれど特に質問にしっかりこたえてくれたことがうれしいです。ありがとうございました。とても勉強になってうれしいです。

記事・絵（遠山晴香）

## 季節まんじゅうは芸じゅつ

両口屋是清に行きました。

主人は、中国へしゅぎょうに、いっていたんだと、おくさんがいいました。

季節ごとのまんじゅうを作ってくれました。

それは、げいじゅつでした。

（宮川雄輝）

## まんじゅうを作る部屋は40度も

六月二十八日月曜日に和菓子の見学で桝見屋さんに行きました。まんじゅうを作る部屋に入ると体からすごい汗が出てきました。

四十度もあるといいました。

ぼくたちもふまんじゅうを作らせてもらいました。ふまんじゅうのきじをよく見ると緑色になっていましたあんこは豆がなくこしあんでした。こしあん少したべたら、すごく甘かったです。桝見屋の生菓子の種類は全部で二十種類でした。文（勇哉）

暑～い

うにした。ある程度切り抜き記事が集まったところで「僕の私の重大ニュース」と題して記事を選び出し、「切り抜き小作品」を作ることにした。

伊勢湾台風の連載記事で「伊勢湾台風ニュース」を作る子どもたち、「脳死，移植」関連の記事を中心に選び出す子どもたち、スポーツニュース中心で「重大ニュース」を作る子どもたちと、個性や関心の度合いが切り抜き小作品に反映された。

p4-1-4 養護教諭とティーム・ティーチング

新聞記事の切り抜きを本格的に進めていた10月初旬、「娘が脳死になった―17歳ドナーの真実―」の続き物記事が中日新聞に掲載された（p2-3-5参照）。この連載記事を朝の会で読み続け、記事の3回目と授業参観が重なった10月20日に、これを資料にパネル・ディベートを実施した。その際、養護教諭と組んでティーム・ティーチングをおこなった。担任と養護教諭のそれぞれの役割分担を決めて授業にのぞんだ。

「ドナーカードをもてるか？」「自分が家族なら（臓器移植に）同意できるか？」の設問に対して、それぞれの賛否の4つの立場から意見を言い「命」について考えた。

途中保護者の考えを聞いたり、養護教諭が「生命が次第に大きくなっていく時の写真」を示しながら、ふだん子どもたちがあまり意識することのない「生と死」や「命の重さ」、そして「生き方」について真剣に考えた。

### 4．「イメージマップ」で新たな取材テーマを

新聞記事をもとにパネルディベートをおこない「生き方」を考える一方で新たな取材対象を子どもたち自らが選び出すように「イメージマップ作り」をおこなった。「本物」をキーワードにして「イメージマップ作り」をすると「伊勢湾台風」「戦争」「福祉ボランティア」などが新たな取材対象として浮かび上

がってきた。切り抜き記事がそのまま取材対象につながる班もあったし，新聞記事をヒントにして，取材対象を考える班もあった。

宏一は「ぼくのおばあちゃん，伊勢湾台風のこと話していたよ」など伊勢湾台風に興味を示し，友だちと中央図書館に足を運んで調べ，またインターネットでも情報を集めていた。

宏一の班は結局,「伊勢湾台風取材班」になった。宏一は戦争取材班と一緒になってアンケート用紙を作って配布し，学区内外に住む「戦争と伊勢湾台風」体験者を探し出した。「伊勢湾台風ニュース」の切り抜き小作品や戦争関連記事，福祉関連の記事，インターネットで取り寄せた情報などは取材に取り組むときの資料になっていった。亜美は福祉関連の記事を多く集め，福祉・ボランティア取材班をつくった。

学級全体では「伊勢湾台風」「戦争」「植栽専門家・押し花名人」「和菓子屋」「福祉・ボランティア」「テレビ局」の6つが学級新聞の特集テーマになった。

取材相手との約束を取り付け，質問事項や交通手段を6つの班がそれぞれ話し合って事前準備を進めた。当日は弁当を持って一日取材に出かけた。取材先が不便な場所にある班は教師が手助けしたが，あとは定時連絡をする以外すべて子どもたち自身でおこなった。

名古屋まで足を伸ばした班もあったが，全部の班が無事取材を終えることができた。初めて持ったデジタルカメラで写した写真と取材メモをもとに，まず取材結果を模造紙にまとめた。

### 5．新聞記者が報告会の助言者，特集号発行

6つの班が見たこと，聞いたこと，感じたこと，考えたことを整理して模造紙にまとめ，これを取材報告会で発表するようにした。それぞれの取材報告に対して他の班の子たちは感想や質問を述べ合った。

報告会では「報告をする」「感想・質問を書く」「質疑応答をする」など時間を十分確保し，話し合いが深まるようにした。戦争取材班の報告会には，取材でお世話になった学徒動員体験者の大見巧さん，中日新聞の川本公子記者を招

144　第4章　特徴ある教育活動の成果

| 川本記者の話 | 戦争取材班の報告会の授業記録 |
|---|---|
| 「なぜ」「どうしてこうなったのか」という質問がよくありました。とても大事なことです。……今回の戦争取材で言えば，動物を殺したのはどこの動物園なのか，どの動物なのかはっきりさせる必要があった。……5W1Hで今回は「どんなふうに」の質問が不足していたと思います。<br>　そこをもっと詳しく聞き出していくと良かったと思います。 | （前略）<br>C　：安城にあった飛行場ってどの辺ですか<br>取材班：東端，和泉のほうです。<br>T　：あと何か，飛行機，飛行場のことで何かありますか。<br>C　：飛行機を木で作ったそうですけど，飛んだんですか。<br>取材班：それはまだわからない。<br>C　：何で大都市だと空襲が多いのですか。<br>C　：この辺は被害が少なかったという報告ですが，どうしてですか。<br>　　（名古屋とかは空襲の被害がひどかったが，安城は少なかったと前時に報告―それへの質問）<br>取材班：大都市へ行って，あまったら爆弾を落とす。<br>取材班：都会には人が多いからダメージが大きい。<br>C　：人が住んでいるのが多いと，一つの爆弾でたくさん殺せる。一気に多くやろうとした。<br>　　（略）<br>C　：動物園の動物を殺したことまで調べてあってすばらしいと思いました。<br>C　：何で動物を殺すんですか。<br>T　：いい質問だね。<br>C　：おりがこわれて人を襲ったらあぶないから。<br>C　：人を襲わないやつはころさなくてもいいじゃないんですか。<br>取材班：よくわかりません。（略） |

いて戦争体験や取材のあり方についてお話を伺った。

　川本記者は子どもたちの取材状況や報告会の様子を見て，良かった点や取材の突っ込み不足の点などを「本物」の記者の立場から指摘してくださった。

　また取材を体験した子どもたちは記者に「質問の仕方」「記事のまとめ方」「写真の撮り方」などを質問し次への取材に役立てるようにした。取材報告会での質疑応答は川本記者の言葉によれば「新聞社のデスクとしての役割」を果たすことになった。

　6つの班は一連の取材報告会が終わると記事の分担をし，お互いの原稿をチェックしながら字数，見出しなどを考え，班ごとに特集号にまとめた。4年生以上の全家庭に配布すると他学年の先生方の支援もあり多くの読者の声が寄せられ

第1節　本物との出会いを求めて　145

た。

　読者の声を整理して印刷配布すると、学級の子どもたちは食い入るようにして読んでいた。自分たちが取材して書いた記事がこのような反響になって返ってきたことに驚く子どもが多くいた。

　同時に子どもたちは、自分た

> ○いろいろなお店や体験した人たちのお家へ行って話を聞き、自分たちの意見を表現できていてすごいと思います。取材するのは大変でしょうが、がんばってください。　　　（保護者の声）
> ○6班に分かれ、それぞれのテーマでいろいろ調べてあったと思います。戦争の話は年輩がいない家庭の子どもにとっては興味深く話を聞けたのではないかと思います。文章もしっかりしていて読んでいてとてもわかりやすかったです。
> 　　　　　　　　　　　　　（保護者の声）

m 4-1-10　ボランティア特集号

ちの苦労が報われた喜びと満足感を感じた。

## 6．劇「ぼくらの町にも戦争があった」を上演

　戦争取材班の報告や学徒動員体験者の大見さん，川本記者の話，戦争関連の切り抜き記事，社会科での戦争学習などを続けていくと，子どもたちのなかに「どうして戦争なんかしたの」「戦争に反対する人はいなかったの」という話題が出るようになった。

　そこで，「戦争と平和を考える」場として3回の「戦争体験を聞く会」を設けた。「シベリア抑留体験」をもつ岩月さんと広島での被爆体験者・岡畠さんで，2人は作野小学校区に住む方であった。もうひとりは，中日新聞の一面で

m 4-1-11　戦争特集号の1・2面

第 1 節　本物との出会いを求めて　147

紹介された「731部隊に属したお父さん」の体験を語る神谷さんで名古屋在住の方であった。3人のお話は戦争を被害・加害の両面からとらえた内容で，子どもたちには「重いテーマ」であったが，卒業文集に取り上げ，戦争への思いを書き記す子も何人もいた。この戦争取材，「戦争体験を聞く会」などで得た情報を生かす形で学芸会の脚本を作り「ぼくらの町にも戦争があった」を6年全体で演じることになった。できあがった脚本を初めてわたしと同僚教師が読んだとき，子どもたちは静かに聞き入り，口々に「はやく学芸会をやりたい」と言った。

　また，この劇の上演日に合わせて戦争特集号を作り，学芸会当日保護者に配布した。子どもたちは心のこもった演技と特集号によって戦争に対する自分たちの熱い思いを保護者や参観者に精一杯訴えることができた。

　子どもたちは劇によって実在の登場人物に同化したり戦争を擬似体験したりした。そして，演ずる役の人物を鏡にして，自分の日常の生き方を見つめていった。例えば，ふだん軽いノリの麻衣が「戦争体験者の話を聞いたり，学芸会で子どもの役をやったりして，これから真剣になっていこうという感じです。最近は人に『死ね』とか言わなくなりました。戦争ですごく多くの人が死んでかわいそうなのでかるがる『死ね』とか言わなくなりました」と生活を振り返り，驚くほど真剣な感想を書いてきた。

　ふだん興味を示さないものは頑として受けつけない孝夫が「……ぼくは731部隊の話を聞きに行けなかったけど，戦争特集号を読んで……どんなにおそろしいことをしたかがわかりました。ぼくは最初……別に知りたくないと思いましたが，……戦争のことは知る価値があると思いました」とびっしり書いてきた。内容の高まった「学級新聞の記事」や「軍人の役を演じた経験」が孝夫の心を揺さぶった。

　宏一は「伊勢湾台風」の取材では持ち前の明るい性格で常に班員をリードしたが，休日に安城学園高校でおこなわれた戦争体験者の講演会や土曜日午後の「戦争体験を聞く会」にも進んで出席し，粘り強く追究する姿を見せた。

宏一が書いた「平和とは」の作文は印象的であった。「……わかったことは戦争とは絶対命令であるということです。……こんな時代に生まれていたらどうなっていただろう。死んだおじいちゃんは陸軍でした。おじいちゃんは命令を聞いていたのだろうか。おじいちゃんのことをよく考えます。……平和とはどういうことなのか。戦争をやらないことなのか。ぼくは平和とは自由ではないかと思います。自由といっても，やる時はやる，遊ぶ時は遊ぶで，けじめをつけなければいけない。ぼくにはそこがかけている。そこをなおさなくちゃいけない。……戦争はぜったいやってはいけない。……ぼくは戦争のない自由で平和な未来にしたい」。

6年生全体での学芸会の取り組みは，戦争取材，報告会，戦争体験者の話，戦争特集号の発行と重ね合わさる形で，多くの子どもたちの感性を揺さぶり，「生き方」をも問うことになった。　　　　　　　　　　　　　【市川正孝】

## 第2節　実感を持って考える学習の工夫

### I　コンピュータが広げる学習の輪

#### 1．テレビ会議「バーチャル校外学習」

　平成12年度の5年生は，社会科の校外学習でトヨタ自動車の工場見学をおこなった。「こちら作野小学校です。中原小学校の皆さん，こんにちは」。工場見学を終えると，トヨタ会館の前で代表の子どもたちは，モバイルコンピュータを使って千葉県柏市立中原小学校に話しかけた。中原小の児童にとっては，近くに自動車工場がなく，見学が難しいことを聞いていた。そこで，作野小学校の子どもたちが事前に中原小学校の子どもたちから質問をEメールで聞き，かわりに工場見学をおこなったのである。そして工場見学の余韻が消えないうちに，テレビ会議で工場のようすについて伝えたのだ。中原小学校では，教室内のスクリーンに作野小の子どもたちの顔が映し出されていた。「作野小学校の皆さん，工場の中はやかましかったですか」。作野小学校の子どもたちは，モバイルコンピュータの画面に映る中原小の子たちに向かって答える。「思ったよりもやかましくありませんでした」「工場内の臭いはどうでしたか」「塗装工場から車が流れてくるので，そのせいか，少しシンナーのような塗料の臭いがしたように思いました」。音声と映像によるリアルタイムでのテレビ会議。中原小学校の子どもたちにとってはバーチャルな校外学習。だからこそ，調べればわかることだけではなく，五感を使って感じたことを本校の子どもたちは伝えていた。

　「中原小の子たちに伝えなくちゃ，と

p4-2-1　千葉県柏市の小学校へ自動車工場見学の感想をテレビ会議で伝える子どもたち

思っていたから、しっかりと工場見学ができました」。遠距離の子どもたちと、共に学んだひとときであった。

## 2．テレビ会議「バーチャル修学旅行」

翌年、6年生になった子どもたちは修学旅行でも、その生の感動を自分の言葉で遠距離の子たちに伝えた。受け手の中原小学校は、自分たちでは修学旅行で行けないところの様子を同年代の子どもたちに伝えてもらい、修学旅行をバーチャルで体験した。

グループ行動で金閣をコースに選んだ子どもたちが、次々に到着する。金閣を見て口々に「すごい」「とってもきれい」と感嘆の声を上げる。「では、この美しさをどうやって伝えればよいのだろう」。子どもたちはそれぞれに思案する。校長がビデオカメラで撮影している映像が、中原小学校へ届いたようだ。スピーカーから驚きの声が聞こえてくる。「金箔がぴかぴか光ってきれいです」「とってもゴージャスって感じです」「金閣の横に船がつながれています」。子どもたちは自分の感動やその情景を何とか伝えようと試みる。テレビ会議がなかったら「すごい」の一言で片づけてしまい、金閣を通り過ぎていったかもしれない。マイクで話さなかったら、すっと消えてしまいそうな小さな感激を、子どもたちは意識することができた。「相手に伝えようとすることで、自分が漠然と感じた思いをはっきりと意識するきっかけになり、さらに五感を使って深く感じようとする」そんな効果がテレビ会議にあるように感じられた。

p4-2-2　千葉県柏市の学校と京都・金閣にてテレビ会議をおこなう子どもたち

中原小から「どうして足利義満はこんな建物をつくったのだと思いますか」という質問が来た。子どもたちは金閣を目の前にして，自分の想像力を働かせる。「自分の力を見せつけたかったからかな」「豪華なものが好きだったのでは」「広いきれいな庭を見ながら，のんびりしたかったのかも」。資料を探せば答えは見つか

p 4-2-3　東大寺南大門から金剛力士像の大きさを伝えた画面のハードコピー

るかもしれないが，その場で体感したことをもとに子どもたちが考える，貴重な時間となった。

　修学旅行中は，金閣だけではなく西陣織会館での機織り体験を実況中継したり，翌日の奈良・東大寺南大門から金剛力士像の大きさを子どもの背と比較して伝えたりした。機織り体験でのテレビ会議では，相手校の子も結城紬の機織り体験をしていたために，「織り方が同じだ」という声や「どんな色の糸を使いましたか」といった質問が出され，共通体験として意見の交換ができた。

　これらの「バーチャル修学旅行」は，ソフトに Microsoft NetMeeting を利用し，作野小側は IBM ThinkPad240，PHS カード，デジタルビデオカメラ等の機器を利用して発信をおこなった。

　この後，テレビ会議の相手校であった中原小学校の子どもたちは，福島県の磐梯を訪れ，会津若松の鶴ヶ城から中継をおこなってくれた。白い鶴ヶ城が教室のモニターに映し出された際には，子どもたちからも喜びの声がわき上がった。映像を通してのバーチャルな見学であるが，子どもたちにとっては学習自体はまさにリアルな体験となって，心に残ることになった。

### 3．海を越えての共同観測

　インターネットの登場により，遠距離の子どもたちとの共同学習の可能性が広がってきた。しかし，同じような課題をもって共同で学習を進めていくことは，簡単そうで実はなかなか難しい。教師同士の人と人とのネットワークづく

152　第4章　特徴ある教育活動の成果

りが必要となってくる。次に述べるのは，そうしたネットワークの力が発揮されて実践された，5年生理科での取り組みである。

単元「太陽と月の動き」の学習で，共同観測がおこなわれた。参加校は下の資料の通りである。各校は可能な範囲で月をデジタルカメラで撮影し，観察した時間，高度，方位をEメールで報告し合った。また，新聞などをつかって，月の出入りの時間も知らせ合った。その結果を見ていくと，いろいろな疑問がわいてくる。その1つが月の向きである。「同じ半月だけど，パースやブエノスアイレスでは日本と反対側が欠けているよ」「シンガポールでは左右に欠けるのではなくて，上側が欠けているよ」「カイロでも日本とはちがった欠け方をしているね」「どうしてなんだろう」。各校の子どもたちが同じように疑問をもち，それぞれの仮説を考え始めた。そして，その考えをEメールに添付して交換した。

m 4-2-1　作野小（左）と中原小（右）の月の見え方の仮説と参加校一覧

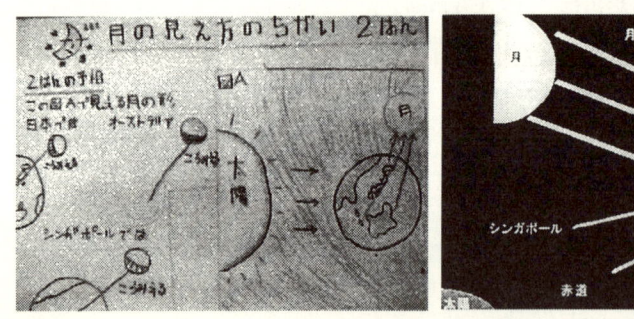

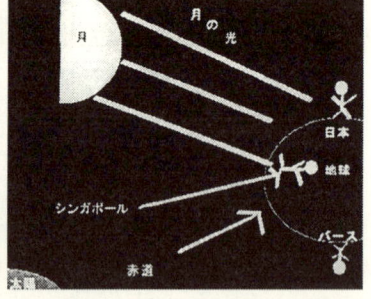

国内参加校：愛知県安城市立作野小学校，千葉県柏市立中原小学校，埼玉県大井町立西原小学校，三重県美杉村立太郎生小学校，千葉県袖ヶ浦市立平岡小学校
海外参加校：パース日本人学校，シンガポール日本人学校，カイロ日本人学校，ブエノスアイレス日本人学校

国内の観察だけでは疑問にも思わなかったことが，インターネットを利用した海を越えての共同学習で，子どもたちの興味をくすぐることになった。「自分たちだけでは思いつかない考えを他校の子たちに教えてもらえてよかった」

とある子は感想を書いている。

### 4．テレビ会議を討論に生かす

6年1組では，中日新聞の社説に載った「やがて日本も多民族国家に」(2001年6月3日付) という記事をきっかけにして，社会科の政治の学習を進めていた。そのなかで，「実際に多民族国家の生活とはどんなものなのか」という疑問から，大人の目ではなく同世代の子の意見を子どもたちは知りたがった。そこで，多文化主義を掲げる多民族国家，オーストラリアの様子をテレビ会議を使って尋ねることにした。リアルタイムで画像と映像を受け取りながら，約15分間，パース日本人学校の中学部の生徒たちから多民族国家の生活上の具体的な影響を聞き，質問をした。何千キロもの距離を超えて，実際に生活する子どもの生の声を聞いた作野小の子どもたちは，それをもとに，日本が多民族国家へと向かうことの是非について話し合った。その後の話し合いで，ある子はテレビ会議で聞いた意見を根拠に意見を発表し，ある子はそれでも自分の調べてきた根拠を大切にして，意見を述べた。社説をかいた論説委員の方も，この話し合いに関心をもってくださり，その後，教室を訪れて話をしてくださった。

この他にも，次のページに示すように，本校では話し合いに直接参加する形で，広くテレビ会議を利用した授業がおこなわれた。異なった環境で暮らす子どもたちの意見は，本校の子どもたちの意見がさらに深まるきっかけとなった。

遠くの相手に伝えるのに抽象的な表現しかできない子がいる。自分がそれを

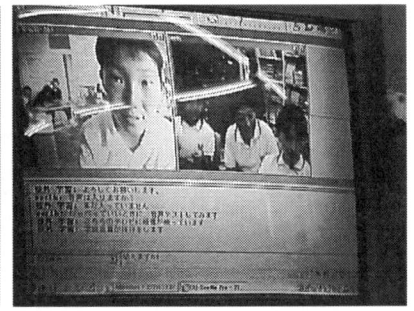

p 4-2-4 埼玉県の学校（左）やオーストラリア・パース日本人学校（右）とともに，テレビ会議を使って話し合いをする子どもたち

154　第4章　特徴ある教育活動の成果

表4-2-2　平成12, 13年度に5, 6年生がおこなったテレビ会議の一覧

| 回 | 日付 | 実施クラス | テレビ会議相手校 | 教科・単元等 | 会議のねらい |
|---|---|---|---|---|---|
| 1 | 平成12年 9/29 | 5－2 | 埼玉県大井町立 西原小学校 | 学活 両校の自己紹介 | 両校の自己紹介をするとともに，テレビ会議の要領になれる。 |
| 2 | 10/5 | 〃 | 〃 | きらめき学習 「日本選手団のマントの賛否」 | 論題に対して互いに意見を述べ話し合いを深める。 |
| 3 | 10/10 | 5年生 学年代表 | 千葉県柏市立 中原小学校 | 社会科 「自動車工業」 | 実際の見学先から体感した見学の感想を伝える，質問に答える。 |
| 4 | 10/12 | 5－1 | 〃 | 〃 | 見学結果をまとめ，工場見学の感想を伝える，質問に答える。 |
| 5 | 10/13 | 〃 | 千葉県袖ケ浦市立 平岡小学校 | 学活 両校の自己紹介 | 両校の自己紹介をし，互いの地域の特色を見つめ直す。 |
| 6 | 10/27 | 〃 | オーストラリア パース日本人学校 | きらめき学習 「オーストラリアの生活しやすさ」 | 日本から豪州へ移住した子どもの直接の感想を尋ねる。 |
| 7 | 10/30 | 〃 | 千葉県袖ケ浦市立 平岡小学校 | 社会科 「自動車工業」 | 相手校からの質問に答え，学習のまとめをする。 |
| 8 | 11/17 | 5－3 | 三重県美杉村立 太郎生小学校 オーストラリア パース日本人学校 | 社会科 「伝統工業」 | 伝統工業について，それぞれの地域の特色を見つめ，互いに紹介しあう。3者での交流学習に挑戦する。 |
| 9 | 平成13年 5/24 25 | 6年生 学年代表 | 千葉県柏市立 中原小学校 | 社会科・きらめき学習 「京都・奈良の修学旅行」 | 実際の見学先から体験した見学の感想を伝え，質問に答える。 |
| 10 | 5/31 | 6－1 | オーストラリア パース日本人学校 | きらめき学習 「オーストラリアの秋のようす」 | パース日本人学校の中学部の生徒から，通信状況のテストも兼ねて，当地の秋の様子を聞く。 |
| 11 | 6/22 | 6－2 | 千葉県柏市立 中原小学校 | きらめき学習 「会津若松・鶴ヶ城」 | 鶴ヶ城とその周辺の見学の様子を聞きながら，岡崎城と城下町の比較を行う。 |
| 12 | 10/16 | 1－1 | 三重県美杉村立 太郎生小学校 | 生活科 「学校紹介」 | 自分たちの学校の様子や現在学習していることの様子を紹介しあう。 |
| 13 | 10/29 | 6－1 | オーストラリア パース日本人学校 | 社会科 「わたしたちのくらしと政治」 | 多民族国家であるオーストラリアの実際の生活の様子を中学部3年生に尋ね，日本が多民族国家へと進むことについて考える。 |

　これらの交流は，すべて次のミーティングポイントを利用した。ミーティングポイントを使えば，複数局間の同時通信が可能であり，異種ソフトとの通信を行うことも可能である。
〈リフレクター〉千葉県柏市　柏インターネットユニオンのミーティングポイント

尋ねられたら答えに困ってしまうだろう，という質問をしてしまう子がいる。早口になってしまう子もいる。マイクの前に立つと，どう話していいかとまどって黙ってしまう子もいる。相手にわかりやすく自分の考えを伝えることの難しさを感じながら，コミュニケーション能力を子どもたちは磨いている。

　インターネットを使ったテレビ会議は，これからも学習場面での活用法にさまざまな可能性を秘めている。しかし，何度にもわたって事前にテストをおこなわないといけない現段階でのハード面での問題や，各校の授業のねらいを明確にしておく作業など，実施に至るまでにはまだハードルが多い。また，テレビ会議はあくまでも手段であって，結局は子どもたち同士が人と人とのつながりのなかで思考を深めていくことが重要になってくる。今後，どのような効果的なテレビ会議が考えられるか学習内容を検討しつつ，子どもたちの目の輝くコンピュータ活用を模索していきたい。


## Ⅱ　体験から学ぶ異文化理解（5年生）

### 1．世界を旅したコアラのぬいぐるみ

　2000（平成12）年，春のある日，一体のコアラのぬいぐるみが作野小学校に届いた。中東のバハレーン日本人学校から送られてきた。このぬいぐるみのふるさとは，西オーストラリア州のとある小学校。作野小学校の子どもたちは，このコアラの到着を心待ちにしていた。ユーカリの木をガム・ツリーという。そこから「ガミーくん」と名付けられたこのぬいぐるみは，実は世界を旅して回ってきたのである。オーストラリアのパース日本人学校を皮切りに，アジア，南北アメリカ，ヨーロッパ，アフリカなど18の日本人学校を1年半かけて旅をし，ついに日本の作野小へ立ち寄ってオーストラリアへ帰国する運びとなっていた。

　ガミーくんが到着すると，全校朝会で校長から紹介された。5年生の子どもたちは，この日に向けて，ガミーくんの旅した国について調べ，掲示物を作っ

## m 4-2-3 コアラのぬいぐるみが旅をした世界の街

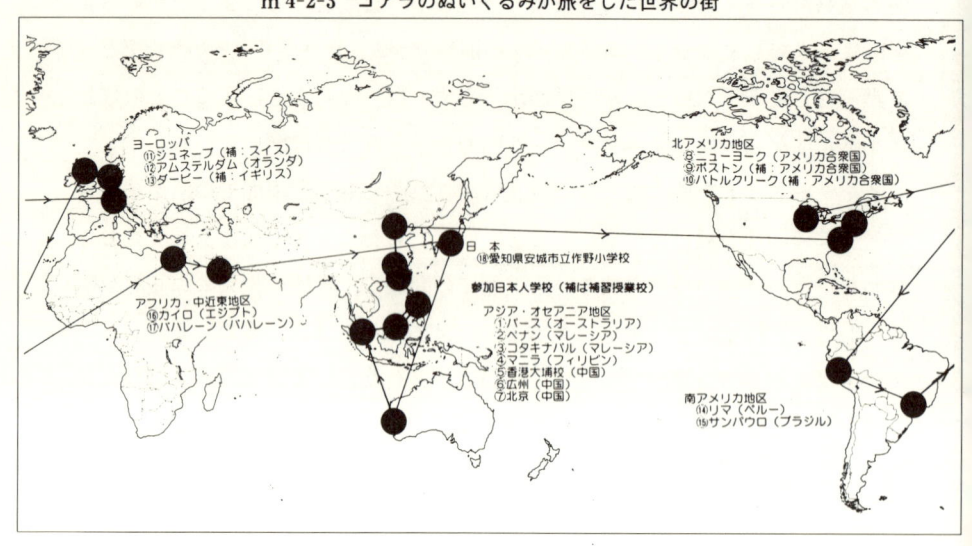

ヨーロッパ
⑪ジュネーブ（補：スイス）
⑫アムステルダム（オランダ）
⑬ダービー（補：イギリス）

アフリカ・中近東地区
⑯カイロ（エジプト）
⑰バハレーン（バハレーン）

日　本
⑱愛知県安城市立作野小学校

参加日本人学校（補は補習授業校）

アジア・オセアニア地区
1 パース（オーストラリア）
2 ペナン（マレーシア）
3 コタキナバル（マレーシア）
4 マニラ（フィリピン）
5 香港大埔校（中国）
6 広州（中国）
7 北京（中国）

北アメリカ地区
8 ニューヨーク（アメリカ合衆国）
9 ボストン（補：アメリカ合衆国）
⑩バトルクリーク（補：アメリカ合衆国）

南アメリカ地区
⑭リマ（ペルー）
⑮サンパウロ（ブラジル）

ていた。小さなコアラのぬいぐるみが携えていたのは、ひとつのノートだった。

　子どもたちは、何人もの手を経てバラバラになったノートのページを、グループで回し読みした。「コタキナバルではラフレシアっていう世界一の花が咲くんだって」「ガミーくんは正月はニューヨークで過ごしたらしいよ」「スイスでは緒方貞子さんの講演を聴いたんだね」「カイロ日本人学校からはピラミッドが見えるんだ」「世界のいろいろなところで日本人の子が勉強しているんだなあ」。小さな一体のぬいぐるみに実際に手を触れ、子どもたちはこのぬいぐるみが旅した土地や出会った子どもたちのことを、それぞれに思い浮かべていた。

　子どもたちは日本について、そして作野小学校について紹介した文章を画用紙にまとめ、それを同封して、ガミーくんのオーストラリアへの帰国を見送った。この出会いがきっかけとなり、その後、5年生の子どもたちはオーストラリアについて学習を進めることになったのである。ちょうどこの年は、シドニー・オリンピックが開催された年。マスメディアにもオーストラリアに関する多くの情報が流れたことは、子どもたちが学習を進めるあと押しをした。

　一体の「ぬいぐるみ」という「モノ」に熱中しはじめた子どもたち。しかし、

p 4-2-5　世界を旅したコアラのぬいぐるみ，ガミーくんの作野小訪問のようす

実はこれは「モノ」ではなく，その背後にあった体温のある「人」に接したために，子どもたちの熱中は深まっていった，と考える。

### 2．オーストラリア先住民の文化体験

1メートルほどの一本の木に縦に穴をくりぬいただけの楽器ディジュリドゥ。オーストラリアの先住民アボリジニの民族楽器である。体育館に集まった子どもたちは，その楽器からどんな音がでてくるのか，わくわくしながら待っていた。薄暗くした体育館，舞台にはオーストラリアの自然の風景が映し出される。ディジュリドゥ奏者の三嶋さんがゆっくりと音を出し始めた。循環呼吸と呼ばれる奏法で，途切れなく神秘的な音が流れる。一人で演奏しているのに，複数の音が重なって聴こえてくる。ブーメランが飛んでいるような音，カンガルーがジャンプしている様子，クカバラやディンゴの鳴き声。ディジュリドゥからは太古から続くオーストラリアの情景が音となって流れ出していた。「今までに一度も聴いたことのない楽器の音だった」「なんか不思議な感じがした」。先住民アボリジニの文化に，子どもたちは引き込まれていった。その後，子どもたちは用意した紙製の筒をディジュリドゥがわりにして，ディジュリドゥ奏者の三嶋さんに指導を受けながら音出しに挑戦した。唇を振るわせて息を吹き続け，こんな単純な形の楽器でも，音がでることを知った。

5年生の子どもたちはアボリジナル・アートにも挑戦した。アボリジニの絵画は，絵の具をつけた棒で繰り返し点をつけて作成されるものが多くみられる。

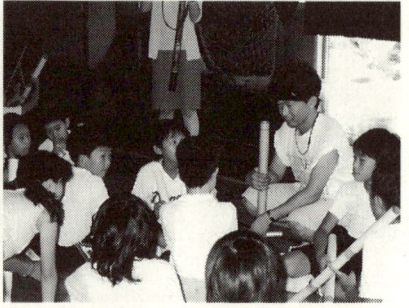

158　第4章　特徴ある教育活動の成果

p 4-2-6　アボリジニの民族楽器，ディジュリドゥ奏者からオーストラリアの文化を学ぶ子どもたち

「ドットペインティング」と呼ばれるこれらのアボリジナル・アートは，生きるための知恵や昔の伝説を人々に伝えるために描かれており，抽象的な記号には意味がある。子どもたちはその意味を調べ，自分なりのストーリーのあるドットペインティングを完成させた。校庭で拾った木の枝を筆に「予想したよりも楽しいね，これ」と，異文化を学ぶというよりも楽しんで体験していた。

### 3．大地に眠っていた石でペンダントづくり

　西オーストラリア州のキンバリー地区では，ゼブラロックと呼ばれる珍しい石がとれる。赤褐色と乳白色の縞模様が美しいこの石は，柔らかく加工がしやすい。子どもたちはこの石を使ってペンダントづくりに挑戦した。

　何億年もの間，大地に積み重なってできたこの石に触れ，やすりで根気よくこすり，形を整えていった子どもたち。勾玉型や剣型など，ユニークな形のペ

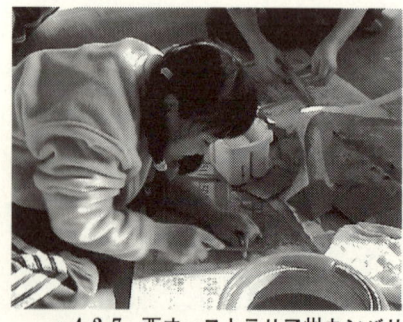

p 4-2-7　西オーストラリア州キンバリー地区でとれるゼブラロックを使ってのペンダント作り

ンダントができあがっていった。「これ，私の宝物にしよう」「一生懸命作ったから，お母さんにプレゼントしたいな」「オーストラリアの大地が自分の胸で揺れているなんて，すごいことだよね」子どもたちが熱中して学習材にひたる，楽しいとりくみとなった。

### 4．オーストラリアのスポーツ体験

　オーストラリアについて新たなことを知るにつれて，運動好きな子どもたちから「オーストラリアでおこなわれているスポーツをやってみたい」という声があがった。イギリス連邦のひとつであるオーストラリアはクリケットが盛んである。クリケットを通して，どんな国でクリケットがおこなわれ，イギリスとのかかわりが深いのかを知った。野球と似ているもののバットマンは360度どの方向へ打ってもいいことに，子どもたちはびっくりしていた。そして，野球はオーストラリアではそれほど広まっていないことにも驚いていた。野球の入門編ともいえるティー・ボールは，作野小の女子にもおこないやすいスポーツであった。クリケット以上に人気のあるオーストラリアン・ルールズ・フットボール（通称フッティー）は，クリケットがおこなわれる楕円形のグラウンドで冬場におこなわれる人気スポーツだ。キックされたボールをキャッチしながら前へ進みゴールをねらう，オーストラリア独特のフットボールである。本来は体のぶつかり合う激しいスポーツであるが，それをタッチ式にしておこなったところ，子どもたちはたいへん喜んでゲームを楽しんだ。なかには休み時間

p 4-2-8　オーストラリアで人気のスポーツ，フッティー（左）とクリケット（右）を楽しむ子どもたち

に誘い合ってフッティーをおこなう姿が見られた。ゴールが決まると「やったあ」とチームみんなで喜び合う姿が見られた。

### 5．オーストラリア人とのふれあいを通して

以上に述べたような芸術やスポーツを通しての異文化体験活動は，「異文化を理解しよう」と気負うのではなく，楽しみながら自然な気持ちで異文化を理解するきっかけとなったようだ。学習材に十分にひたり，熱中する段階を経たことで，その後，子どもたちは深い追究活動に入っていくことになった。

わたしたちが国際理解学習をおこなうにあたって，もっとも重視したのが「人から学ぶ」ということである。国際理解学習では「3F」を中心に実践されることがよくある。3Fとは，Fasihon, Food, Festivalである。しかし，これだけで終わっては，ただ「文化」に接したに過ぎない。その国の人に接し，その体温を肌で感じることが，子どもたちの思い入れを深めるには不可欠であるとわたしたちは考えた。

そこで，わたしたちは，オーストラリア人の留学生エマさんを学校へ招き，オーストラリアの生活や日本の印象について語ってもらった。日本語を少し交えながら，にこやかに話すエマさん。体育館でおこなったゲームも，子どもたちは大喜びだった。「オーストラリア人」というイメージを，子どもたちは少しもつことができた。しかし，ひとりのオーストラリア人からすべてを判断してはいけない。そこで，今度は男性で英語学校講師のシャノンさんを学校へ招き，話を聞くとともに，子どもたちの話し合いにも参加してもらった。

また，僻地の牧場で暮らす同年代のローデリックくんにも国際電話で，いろいろインタビューをしながら交流をもった。彼はテレビ番組で取り上げられていた子で，父親の牧場の仕事を手伝いながら，無線学校で勉強をし，将来はこの牧場を継ぐことを夢見ている。交流の場では，ローデリックくんに直接英語で質問をする子もいた。「サンタさんはどんなクリスマスプレゼントをもってきましたか」の問いに，ローデリックくんは「鉱石を掘るためのドリルとオートバイ」と答え，子どもたちは驚いていた。牧場では羊を追うためにオートバ

## 第2節 実感を持って考える学習の工夫

イが必要で，牧場内の私有地では子どもでもバイクに乗っていいことを聞き，自分たちとはちがう生き方をする子の存在を，子どもたちは知った。

この他にも，同年代のクリスくんに国際電話をして意見を求めたり，アンマリーさんに国際電話をし，オーストラリアの福祉事情や僻地での無線による学校についても話を聞いた。また，毎日新聞に載っていたオーストラリアへ移住した田代さんからも，日本との違いを国際電話で話を聞いた。

p4-2-9 オーストラリア人のエマさん（左）とシャノンさん（右）とのふれあい

教室という空間から海を越えて人とつながり，その人の存在を実感としてもちながら，子どもたちは考える活動をおこなってきた。どうしても英語が混じってくるために，「むずかしい」と腰を引いてしまう子もたしかにいた。しかし，世界の人と意見を交わせるおもしろさを肌で感じ，「中学校へ行ったら英語の勉強をしっかりやりたい」と考える子も少なくなかった。人とつながることで，学習への意欲を高め，学習内容を深めていった子どもたちであった。

【加藤雅亮】

## 第3節　戦時中の生活体験に迫る（4年生）

### 1．戦争に対するイメージアンケート

4年生国語教材「一つの花」の学習に入る前に，子どもたちが戦争のことをどれくらい知っているか，戦争に対してどのようなイメージをもっているかを知るために，アンケートをおこなった。

---

1　戦争と聞いて思うこと
「怖い」7人，「残酷」6人，「恐ろしい」3人，「かわいそう」3人，「逃げたい」2人，「もうするな」1人，「死ぬ」1人，「戦い」1人，「大変」1人，「嫌い」1人，「気持ち悪い」1人，「頭が痛い」1人，「爆弾」1人，「なぜやるの」1人，「よく分からない」1人，「何も思わない」1人

2　戦争で知っていること
「原爆」7人，「B29」6人，「食料が少ない」6人，「人がたくさん死んだ」4人，「アメリカが勝った」2人，「アメリカ人は怖い」2人，「ピカという病気」2人，「人は弱い」2人，「戦闘機の光が当たると体が溶ける」1人，「日本は貧しかった」1人，「戦闘機」1人，「国と国の戦い」1人，「僕のおじいちゃんが戦闘機を作っていた。おじいちゃんのお兄さんはミサイルで撃たれた」1人，「僕のおじいちゃんは死体を運んだ。死体を運ぶ人がいて穴の中に死体を入れるそうだ」1人，「栄養不足で死んだ人がたくさんいた。さつまいもばかり食べていた。安城はまだましだったが，名古屋はひどかった。火薬が入った縄に火をつけて投げると，人が一瞬で死ぬ」1人，「何も知らない」4人

3　戦争のことは何で知ったのか
『はだしのゲン』18人，『ほたるの墓』4人，「祖父母に聞いた」3人，「映画」2人，「母に聞いた」1人，「姉に聞いた」1人

---

戦争に対して「人が死んでしまう怖いもの」というイメージはもっている。しかし，戦争体験者から話を聞いた経験のある子は3人しかおらず，戦時中での具体的な生活の様子などは知らないことがアンケート結果からわかる。

この教材を学習するにあたって，戦争のことにあまり深入りしない方がよいと書いてある文献も目にしたが，わたしは，戦時中の生活や人々の思いについ

ては深く理解させたいと考えた。そうしなければ，登場人物の気持ちを理解することはできないし，そこから自分自身を振り返ることもできないと考えたからだ。

## 2．戦時中の様子を調べよう

　物語教材の学習では，全文を音読した後，感想と疑問を書くようにしている。そして，この疑問を中心に話し合いを進めていく。しかし，疑問1「ひとつだけちょうだいと言ってお母さんの分を食べるゆみ子はわがままなのか」を話し合っているときから，行き詰まってしまった。「お母さんだって，ちゃんと自分の分は確保しているはずだよ。食べなかったら生きていけないよ」「そうだよね。たくさん食べて無くなったら困るから，少しずつあげているだけで，本当に無いわけではない。ゆみ子だってそれを知ってるんだよ。だからわがままじゃない」「一つだけと言って，いっぱい食べるのだから，やっぱりわがままだ」「いっぱいなんて食べてないんじゃない」「本当はどのくらいおなかがすいていたんだろうね。想像がつかないよ」と，疑問を解決するために，戦時中の生活を調べたいと子どもたちが言い始めた。「図書室に戦争の本があるよ」「ぼく，インターネットで調べてみる」と，最初は本やインターネットを利用して調べ始めた。調べていくうちに，「本当にみんな『欲しがりません。勝つまでは』なんて思っていたのかな」「戦時中のことを知っている人に聞いてみたいよ」という声が出てきた。

## 3．戦争体験者への取材　1

　きらめき学習で作ったハーブ石鹸とドクダミ茶を持って学区の福祉センターを訪問したことがあった。このとき，顔見知りになった地域のお年寄りに戦時中の生活について取材させてもらおうと啓太が提案した。満州に出征し，戦後はシベリアに抑留された経験をもつ岩月さんに取材することが決まった。

　「同じようなことを聞いては失礼だから，みんなの聞きたいことをまとめてから出かけた方がいいね」「本で調べてわかるようなことを質問するのも失礼だよ」「気持ちを中心に聞きたいな」ということで，50余り出た質問を15に

絞って，啓太と修平，理恵の3人が代表で取材に出かけた。

質問したいこと
- 戦争中の特につらかったこと，苦しかったことを教えてください。
- 子供はみんな「ひとつだけちょうだい」と言っていましたか。
- 物と交かんするきっぷは，どこから，どうやってもらってきましたか。
- 配給でもらっていた物は何ですか。どの位の量もらえましたか。何日に1回もらえましたか。
- 戦争に反対する人は本当にいなかったのですか。赤紙がきても行かなかった人はいなかったのですか。
- 戦争に喜んで行った人もいるんですか。
- 戦争中の学校生活のことを教えてください。（給食，遊び，文房具，教科書など）
- 戦争が終わった時，どんな気持ちでしたか。
- 戦争中と今を比べて，どんなことを思いますか。
- 戦争の体験を通して，今思うことはどんなことですか。
- 戦争中，どんな飲み物を飲んでいましたか。
- 戦争中，いつもおかなをすかせていたと思いますが，ごちそうと言えば何でしたか。
- 兵隊さんはおなかいっぱい食べられたんですか。
- どんな人から順番に戦地へ行ったのですか。
- 戦争時代に生まれたことをどう思っていますか。

取材からの帰り，啓太は「ぼく，好き嫌いが多かったけど，何でも食べられるようにがんばる。嫌いで食べないなんて，戦時中の人に悪いよ」と，ぽつりとつぶやいた。

3人は岩月さんから聞いてきたことを模造紙にまとめ，クラスのみんなに伝えた。理恵は，岩月さんの「当時の子どもたちは，食べ物がないことを知っているからいっぱいちょうだいとは言わない。子どもなりに親に気をつかっていた」という言葉をみんなに伝えた後「ひとつだけちょうだいと言いながら，お母さんやお父さんの分を食べてしまうゆみ子はわがままだと言っている人がいるし，わたしもそう思っていたけれど，もう一度話し合ってみたくなりました」と付け加えた。

**コメント** わたし自身，配給について本やインターネットで調べたが，1回に配られる量など具体的なことがわからなかった。岩月さんが米の配給表を見せてくれながら，詳しく説明してくれたので疑問が解決した。また，いつもおなかをすかせていたつらさや戦争で多くの人が犠牲になったことが具体的な話でよくわかった。

しかし，「赤紙がきた時はとても嬉しかった。お国のために戦えるのは名誉なことです」「子どもは村の人みんなで守ってくれるので，子どもがいても安心して出征できました」という言葉に，子どもたちは驚いた。この言葉から誤解をする子もいると思い，「心の底から喜んで出征できましたか」と，わたしが質問を付け加えた。「内心はそりゃあつらかった。みんな，生きては帰ってこられないと覚悟してるんですから。子どもを残していく人はたまらなかったでしょう。でも，そんなこと絶対に口には出せない。そんなことを言ったら，残った家族が肩身の狭い思いをするからね」と話してくれた。取材のすばらしさと同時に誤解を招く危険性も感じた。

### 4．戦争体験者への取材　2

啓太たちの発表を聞いて，戦時中の大変な暮らしぶりや家族を残して戦地へ出向く兵隊さんの気持ちがわかったところで，「兵隊さんは本当はとてもつらかったけど，表面は喜んで戦争に行ったんだ。じゃあ，家族を戦地へ送り出した人たちの気持ちはどうだったのかな。ばんざいと言いながら見送ったと書いてあるけど，本当の気持ちはどうだったのかな」と言い出す子がいた。「残った人にも取材してみたい」「おばあちゃんに聞いてみたらどうだろう」「今度はわたしも取材に行きたい」という声が次々にあがった。

そこで，家族を戦地へ送り出した経験をもつ澤田さんの話を全員で聞くことにした。澤田さんは兄を2人，戦争で亡くしている。戦地へ送り出す日のこと，戦死の知らせを受けた日のことなどを生々しく話してくれた。涙ぐみながら聞く子もいた。

澤田さんの話

> 上の兄は3歳の子どもとお腹に赤ちゃんのいる奥さんを残して出征しました。明日，戦地へ行くという日，おなかの大きいお嫁さんは3歳の子を連れて，遠くまで兄に会い

に行きました。最後の別れになると覚悟していたようです。お父さんに子どもの顔を見せてあげたいと言っていました。兄の乗った船が爆撃されたという知らせが届いたとき，母は「こんなにつらい思いをするために子どもを産んで育てたんだね」と泣きました。兄の遺骨は戻ってきませんでした。下の子はお父さんの顔も知りません。でも，二人ともとてもいい子に育ちました。お父さんの分も奥さんが一生懸命育てました。

コメント　「兵隊さんも大変だけど，残された家族も本当に大変だったんだ。戦時中に産まれなくてよかった」とつぶやいた友だちに，圭吾は「戦時中に産まれなくてよかったじゃなくて，ぼくたちがこれからも戦争をしないようにしないといけないんだよ」と言った。沙織は「今でも戦争をしている国があるんだよ。悲しいね」と言った。

## 5．戦時中の料理を作って食べてみよう　1

　澤田さんは，「隣の草でも取ったらけんかになりました。みんな，草1本でも無駄にしませんでした。食べられる物は何でも食べました」と，当時の料理も教えてくれた。さっそく，作って食べてみることにした。
　メニューは，さつまいものつるを入れたすいとんとさつまいもせんべい，柿

p 4-3-1　戦時中の料理を作る子ども

m 4-3-1　戦時中の料理を食べた感想

の皮を干したものである。すいとんは，米がなかなか手に入らなかった当時の主食である。澤田さんから聞いた通り，塩少々だけで味付けをした。さつまいももおなかを膨らませるためによく食べたそうだ。さつまいもせんべいはごまがふってあり，当時では贅沢な食べ物で，お嫁さんのお菓子としても使われたという。柿の皮は，干してかりかりになったものを子どものおやつとして食べさせた。

　さつまいものつるや葉っぱを手にしながら，「先生，どこを食べるんですか」と聞く子がいた。私が答える前に「全部だよ。澤田さんが言っていただろう。食べられる物は何でも食べたって。根っこでも皮でも固い茎でも全部食べたって」と，他の子が答えた。「そうだった」と，さつまいものつるや葉っぱをきれいに洗って，食べやすい大きさに切り始めた。子どもたちは料理の間中，ゴミになって捨ててしまう部分ができるだけ少なくなるように細心の注意をはらっていた。戦時中に生きていた人たちの気持ちに近づいているようだった。

　「結構おいしそうだね」と喜んで食べはじめた子どもたちだったが，いざ食べてみると，「うえ～，これ全然味がない」とショックをうけていた。以下は，食べながらの子どもたちの会話である。

---

C1　こんな物でも，おなかが膨らむだけ，ましだったんだね。
C2　わたし，どうしても食べられない。気持ち悪くなってきた。
C3　そんなこと言ったら，澤田さんたちに失礼だぞ。
C2　わかってるけれど，でも，本当に吐きそうなんだもの。
T1　どうしてもだめなら，捨てていいよ。
C4　あ～，もったいない！
C5　まずいから食べないなんて言ってたら，戦時中は生きていけないよね。
C6　おなかがぺこぺこだったら，おいしかったんじゃない。
C7　いくら，おなかがすいてても，おいしいと思えないよ。
C8　やっぱり無いよりましだったんだよ。
C4　なんか，悲しい気分になってきちゃったよ。
C8　でも，このさつまいもせんべいは，甘くておいしい。幸せ。
C9　でも，毎日さつまいもばかり食べてたんでしょう。毎日じゃあ，おいしいとは

168　第4章　特徴ある教育活動の成果

　　　おもえないんじゃない。
　C3　それに，これは贅沢な食べ物だったんだよ。
　C2　あっ，そうだった。お嫁さんのお菓子だと言ってたよ。
　C10　柿の皮も味はおいしいけど，固くてなかなか飲み込めない。
　C1　それが，戦争中の子どもたちにはよかったんだよ。おなかがすいてるから，食べるのに時間がかかった方が嬉しいと思うよ。

　コメント　子どもたちは，戦時中の食べ物を作って食べることによって，いろいろなことを考えたようだ。しかし，このすぐ後に給食があったので，すいとんをほとんど食べることができなかった子も，おいしい給食でおなかを膨らませることができた。作って食べる体験はできたものの，常におなかをすかせ，「ひとつだけちょうだい」が口癖になってしまったゆみ子の心情に迫るのは難しい。飽食の時代に生きる子どもたちに，何とかしてひもじい思いを体験させたい。

## 6．戦時中の料理を作って食べてみよう　2

　岩月さんから聞いていた日の丸弁当を土曜日の3時間目に作って食べることにした。家から弁当箱を持ってきたが，なるべく戦時中の雰囲気がでる物をと，

p 4-3-2　日の丸弁当を食べる子ども

m 4-3-2　日の丸弁当を食べた感想

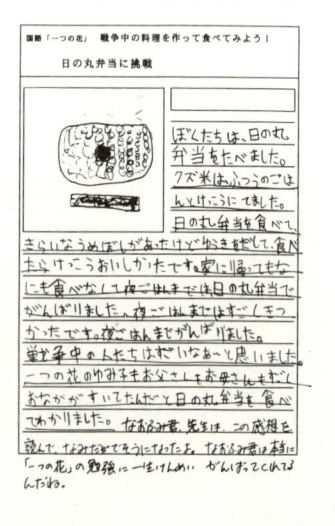

第3節　戦時中の生活体験に迫る（4年生）

普段使っていないアルミの弁当箱を持たせてくれた母親が多かった。米は真由が祖母の家から屑米をもらってきてくれた。わたしは何も言わなかったのだが，今までに調べてきたなかで屑米を食べていたということがわかっていたので持ってきたと言う。

家に帰ってからも，戦時中の人はおなかがすいても我慢するしかなかったのだからと，夕食まで何も食べずに我慢した子が34人中26人いた。ほんの少しだけ，ゆみ子やゆみ子の家族に近づくことができたようだ。

この頃から，祖父母に戦時中の話を聞いたり，戦時中に使っていた物を借りてきたりする子が増えてきた。智也は県外に住む祖父に戦時中のことを綴った本を送ってもらい持ってきた。

**学習に入る前のアンケート**

|  | はい | いいえ | 分からない |
| --- | --- | --- | --- |
| 1　自分はぜいたくである | 12人 | 2人 | 20人 |
| 2　自分は幸せである | 15人 | 3人 | 16人 |
| 3　今は平和である | 6人 | 2人 | 26人 |
| 4　とても大切なもの　複数回答 | ・命（5人）・自分（3人）・体（1人）・家族（4人）・周りの人（1人）・自然（1人）・思いやりの気持ち（1人）・ゲーム（13人）・バットとグローブ（3人）・自転車（1人）・ボール（1人）・マンガ（2人）・服（1人）・土地（1人）・お金（1人）・ない（4人） | | |
| 5　1番嫌なこと　複数回答 | ・事故（7人）・殺人（1人）・地震（8人）・死（4人）・けんか（1人）・大事なものを失うこと（1人）・いじめ（3人）・怒られること（2人）・悪口（1人）・野菜を食べること（1人）・冬寒いこと（1人）・おもちゃを買ってもらえないこと（1人）・ない（6人） | | |

**学習後のアンケート**

|  | はい | いいえ | 分からない |
| --- | --- | --- | --- |
| 1　自分はぜいたくである | 30人 | 0人 | 4人 |
| 2　自分は幸せである | 34人 | 0人 | 0人 |
| 3　今は平和である | 21人 | 8人 | 5人 |
| 4　とても大切なもの　複数回答 | ・平和（34人）・家族（23人）・父母（6人）・命（18人）・自分自身（3人）・周りの人（1人）・友だち（12人）・自然（1人）・思いやりの気持ち（3人）・食べ物（3人）・ごはん（1人）・水（1人）・ゲーム（1人）・マンガ（1人） | | |
| 5　1番嫌なこと　複数回答 | ・戦争（30人）・家族がばらばらになること（1人）・死（12人）・だれかが死ぬこと（6人）・地震（7人）・けんか（18人）・大事なものを失うこと（1人）・テロ（21人）・ハイジャック（5人） | | |

## 7. 白熱した話し合い

　戦時中の調べ活動が進むにつれ，話し合いも盛り上がってきた。しかし，積極的に挙手する子に圧倒され，思い切って自分の考えを発表できない子も半数ほどいた。そこで，疑問に対する自分の考えを前もってノートに書かせ，必ずわたしが目を通しコメントを付けて励ますようにした。また，全員の考えを毎時間，座席表に書き入れて持っており，挙手できなくても，こちらから指名していくようにした。

　**コメント**　挙手できる子が増えていった。最後まで自分から挙手できなかったのは34名中2名だけだった。二人とも普段からおとなしい子であるが，「今日も恥ずかしくてとうとう手が挙げられなかった。とても残念。次の時間こそは挙手したい」と書くようになった。「みんながどんどん発表するから，わたしが発表することを心の中で決めたときには，話題が次に進んでしまっている。だから，発表できなかった」と葵は言っていた。しかし，二人は次の単元では挙手できるようになった。「早く考えられるようになったし，間違えてもいいと思うようになった。間違えても，誰も文句を言わなくなったから」と葵がそのわけを教えてくれた。

　葵の言葉からもわかるように，子どもたちは穏やかな話し合いができるようになってきた。今まで，積極的な話し合いができるものの，荒々しい雰囲気があって，すぐにけんかごしになり，人を傷つけるような発言があった。しかし，友だちを尊重するようになると同時に自分に自信をもち，話し合い活動を楽しむようになってきた。そして，単元の学習が終わった後で学習前におこなったのと同じアンケートをおこなった結果，子どもたちがこの教材を通して自分自身を振り返ったことがわかった。

【宮田美智子】

## 第4節　調理実験って楽しいな（6年生）

　4月中旬，6年生が学校農園にじゃがいもを植えた。理科の「光合成」の学習に使うためのものであった。そろそろ収穫時期になったころ，わたしが「みんなはどんなじゃがいもを植えたの」と尋ねた。すると，子どもたちは「半分に切ったじゃがいも」「茶色のじゃがいも」「丸いごつごつしたじゃがいも」と答えた。その答えはわたしの質問の意図とは違っていた。わたしはじゃがいもの種類を子どもたちに尋ねたのであった。次の授業までにどんな種類のじゃがいもを植えたのか調べておくことにした（わたしはだんしゃくという種類を植えたことは知っていた。子どもたちにじゃがいもの種類について興味を持たせたかったので，わざと質問したのである。子どもたちが収穫したじゃがいもを家庭科の授業に利用させてもらおうと考えて，じゃがいもの種類を聞いた）。

　ここから「君はじゃがいも博士」という単元がスタートした。

　まず，「だんしゃく」「メークイン」の2種類のじゃがいもを調理室に持っていき，2つの違いを知るために調理実験をおこなった。2種類のじゃがいもを子どもに見せ，「だんしゃく」と「メークイン」の形の比較をさせた。「だんしゃく」は丸い，「メークイン」は長いと違いがあることがわかった。ほかにも芽の部分のへこみ具合について「だんしゃく」の方が大きく，でこぼこしていることに

m 4-4-1

気づいた。次に、包丁で半分に切った。見た目の色を比較した。「だんしゃく」は黄色っぽく、「メークイン」は白っぽくて透明感があることに気づいた。2種類のじゃがいもが調理法によって、味やねばり気がどのように異なるのか比べた。じゃがいもを短冊に切り、「ゆでる」「煮る」「油でいためる」の3通りの調理法で比較した。条件がそろうように、水の量や調味料の量、火加減に注意し、調理実験をおこなった。前ページの子どものノートに見られるように、ゆで上がったじゃがいもの色は生のときより、より白さや黄色さが増した。ゆで上がったじゃがいもの味を比較したら「メークイン」の方が甘く、もちもちとしていた。一方「だんしゃく」は、ほかほか、さらさら、歯ごたえが柔らかいという結果であった。さらに、じゃがいもにしみ込んだ味の違いにも気づい

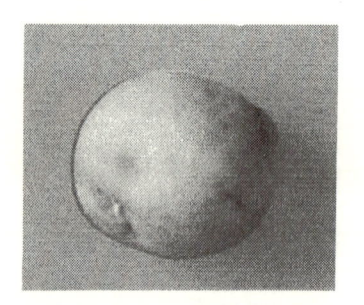

p 4-4-1 だんしゃく 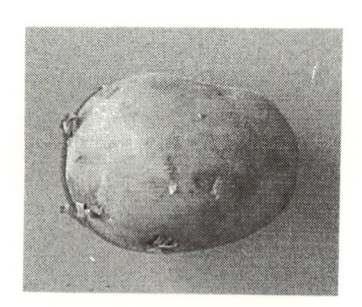  p 4-4-2 メークイン

p 4-4-3

たようだ。「だんしゃく」の方が味がよくしみ込み，味つけが濃く感じられた。

　油でいためているとき，調理中に大きな違いを見つけた。それは短冊に切った「メークイン」がお互いに引き合うようにくっつき始めたのである。それに比べ，「だんしゃく」は一つ一つがばらばらになっていた。味も，「だんしゃく」は「柔らかくぱさぱさしていてのどが渇く」という表現をしていた。「メークイン」は「へにゃへにゃしていて甘く，おいしい」という子が多かった。油でいためたときは，ゆでたときに比べ，黄色が濃くなり色が鮮やかになったこともはっきりした。

　調理実験後の咲子の感想は次のようであった。

> 　メークインの方がねばりがあった。だんしゃくの方がぱさぱさしていた。だから，だんしゃくはゆでる方がおいしくて，メークインはいためる方がいい。カレーもじゃがいもの形を残すためにメークインがいいこともわかって「じゃがいも」だけでも種類があって，それぞれ適当な使い方があるのだなあと思った。

　このようなそれぞれのじゃがいものもつ特長を知ったうえで「じゃがいも料理」をおこなった。第1回目の実習は，「じゃがもち（わたしのおすすめのおやつ）」作りであった。おやつというと小麦粉を使ったクッキーやクレープのようなものをのぞむ子が多い。わたしが「メークイン」を使った「じゃがもち」を提案したところ，「本当においしいの」という声が起こった。2回目の実習はみんなの希望の通りのものを作ることを約束して，じゃがもち作りをおこなった。

　実習後，次のような感想を書いていた。

> 　じゃがいもと水とかたくり粉だけで，りっぱな料理ができるなんてびっくりした。本物のおもちと全く変わらなかった。しょうゆのついたもちにのりをつけて食べたら，最高だった。家で，作ったら家族にも大好評だった。

　2回目のじゃがいも料理は，グループごとに考えるようにした。6年1組では次のような料理が各グループで計画され，実習した。

　4班は，2種類のじゃがいもを使って，肉じゃがのできばえの違いを確かめ

| 班名 | 料理名 | 使用したじゃがいもの種類 |
|---|---|---|
| 1班 | スペイン風オムレツ | メークイン |
| 2班 | 肉とじゃがいものいためもの | メークイン |
| 3班 | こんがり焼き | メークイン |
| 4班 | 肉じゃが | メークイン,だんしゃく |
| 5班 | じゃがバター | だんしゃく |
| 6班 | じゃがいもグラタン | メークイン |
| 7班 | シチュー | メークイン |
| 8班 | ポテトサラダ | だんしゃく |

た。だんしゃくの肉じゃがは，少し煮くずれたが，味はしみこんでいた。メークインは，煮汁がさっぱりしていておいしかった。

　6班のグラタンは，メークインを使って水っぽく作ったそうである。その結果形も味もばつぐんだったようだ。

　日々の生活のなかでじゃがいもの種類まで考えて料理をすることはほとんどないと思う。じゃがいもの違いを知ることがこの授業の目的ではない。普段何気なく見過ごしてしまう自分たちの生活をちょっと視点を変えて見てみる。また，昔から伝えられているこつや技に気づく。この技は科学的な原理や根拠をもとにしていることに気づく。こんなことに子どもたちが気づき，生活におけるもののみ方が深く，幅広くなってほしいと思い，このような調理実験を授業に取り入れた。なぜだろうと疑問をもつ目や追究心を身につけてほしいと考えている。

　「だし」の違いを自分の五感を使って比較する授業を実施した。

　3種類のだしA：にぼし，B：だしの素，C：かつおぶしを用意し，「だしあてクイズ」をおこなった。A～Cの3種類のだしを使ったみそ汁とだし汁を用意し，どのだしを使ったものなのか当てるようにした。クイズ形式なので答を見つけようと必死に味やにおいを比べ，3種類の違いをよく見極めていたように思う。

　みそ汁にすると，魚くさいにおいが消えることにも気づき，にぼしだしをお

いしいと答えていた。

　だしの素は，水とだしだけでもかなり塩分が含まれていることにも気づいた。

　その後，だしの取り方を実践した。にぼしは，腹や頭を取る手間がかかることやしばらく水につけておかなくてはならないことを知った。だしの素は手軽で便利である。かつおぶしは，煮過ぎるとにおいが強くなることがわかった。作る料理や，組み合わせの料理や，調理時間や場所によって，だしの種類を変えていくことも大切であることを知った。その後，みそ汁作りをおこなった。

| A | 少しにがい。魚くさい。みそ汁はおいしい。 |
| --- | --- |
| B | 塩からい。味気ない味。いつも食べている味。 |
| C | においがいい。カツオのにおいがする。味がうすい。 |

　このように，調理実習の前に簡単な調理実験を取り入れることで，子どもたちは目的をもって調理実習に臨むことができた。

【土屋玲子】

## 第5節　音楽で自分の考えを表現する楽しさ（3年生）

　3年生の子どもたちに，友だちとともに学習をするなかで，音で自分の考えを表現する楽しさを感じてほしいと考え，この実践に取り組んだ。

### 1．ド，シ，ラ，ソの音でメロディーをつくろう

　4分の4拍子で1小節を吹いて聴かせた後，子どもたちは，続きの音を即興で考えた。5，6人はすぐに理解してできたが，多くの子は直前でとまどってしまった。また，音を出すのがやっとの子は，メロディーとはほど遠かった。そこで，図（m4-5-1）のような決まったリズムに音をあてはめるというカードを子どもたちに示した。このリズムに，今までリコーダーで習ったド，シ，ラ，ソの音を使って，自分で考えてメロディーをつけた。幹男は，リコーダーを押さえる指が安定せず，穴に隙間があいてしまい，はっきりとした音を出すのがむずかしかった。しかし，幹男は，メロディーづくりにとても興味を示し，彼の指を一緒に押さえながら吹かせたところ，正しい音で，自分のメロディーを吹くことができ，とても良い顔をしていた。

　メロディーづくりに慣れてくると，「ソシラソ｜ラシシ𝄽」「ソシソラ｜シソラ𝄽」など，むずかしいメロディーに挑戦する子もでてきた。幸子は，最後の音を「ド」にすると終わる感じがすることに気づいた。幸子は，みんなの前で

m 4-5-1　メロディーカード

それを発表した。子どもたちそれぞれが工夫して、いろいろなメロディーを作り、良い音でなめらかに吹けるよう熱心に練習した。

個人ごとでのふしづくりができたので、次に、友だちとメロディーをリレーしようと呼びかけた。まず、一人一人が2小節の短いメロディーを考え、グループの友だちとつなぎ合わせた。3人のグループは6小節に、4人のグループは8小節のメロディーとなった。グループに分かれ、メロディーを吹く順番を決めて、長いメロディーをつくった。「とぎれないようにしよう」「良子ちゃんのメロディーは終わる感じがするから、一番最後にしよう」など、子どもたち同士で相談して、1つのメロディーを仕上げていった。しかし、男の子だけのグループは音を出すのがやっとでリズムがくるうところがあったので、一緒にリズムをたたいて指導をした。

メロディーの発表会の日がきた。器用な子が集まったグループは自信満々に吹いた。「わーすごい」とまわりから言われ、満足そうであった。あるグループは一定のリズムを保つのがむずかしかったが、周りのみんなが、「がんばれ」と励まし、吹き終わった後は、素晴らしい拍手があった。自分のメロディーと友だちのメロディーをつなげてみて、「友たちとメロディーをつなげたらきれいだった」「メロディーをつなげて楽しかった」という感想が多くだされた。幹男も「メロディーがやれたのが良かった」と感想を書いた。

この実践を通して、子どもたちに、音楽がどのようにできているのかということを感じてほしいと思った。幹男のように思うように吹けない児童も、友だちと一緒に活動することにより、少しずつ集中して練習をすることが大切であることがわかった。そして、できなければ、すぐ投げ出すというこ

p 4-5-1 グループ練習

とが以前よりも減った。

## 2. まほうの音をつくろう

　子どもたちが楽しくできそうな教材「おかしのすきなまほうつかい」を取り上げ、魔法の音づくりをすることにした。まず、自分が魔法使いだったらどんなものに魔法をかけたいか話し合った。「牛乳に魔法をかけてアイスクリームを作る」「カカオに魔法をかけてチョコレートを作る」「小麦粉と卵に魔法をかけてクッキーを作る」などたくさんの意見が出された。

　魔法の不思議さや楽しさを感じた後で、どんな楽器で魔法の音をつくりたいか考えた。鈴、木琴、ハンドベル、トライアングルなどいろいろな楽器が出された。そこで、最初にハンドベルを例にあげ、どういう楽器の鳴らし方があるか考えた。「回して鳴らす」「振って鳴らす」という意見が出された。音の強弱についての意見は出なかったので、わたしが強い音や弱い音の音色を聴かせた。同時に、表現した音を図にかいて見せた。次に木琴やトライアングルについてもいろいろな音の出し方を考え発表し、表現した音を図にかいて見せた。その後、一人ずつで魔法の音を考え、歌に合わせて演奏をした。

　次に、グループで魔法の音をつくろうと呼びかけた。魔法の音をつくるときのポイントとして、「強い音の部分と弱い音の部分をつくる」「楽器を一斉に鳴らすだけではなく、順番に鳴らしていったり、交互に鳴らしたりして音の重なる部分を工夫する」ことを知らせた。言葉だけではわかりにくいので、わたしが見本の音をいくつか図にかいて見せた。

　6人グループをつくり、前半、後半を3人ずつに分けて、グループで話し合って1つの魔法の音をつくった。Aグループの綾子は、ハンドベルを回して鳴らす演奏の仕方が気に入り、こだわって練習をしていた。Bグループのゆか子はハンドベルを振って鳴らす演奏の仕方が気に入り、音の強弱を工夫して練習をしていた。自分の選んだ楽器で魔法の音が練習できたら、グループで合わせて練習をするように指示した。AグループとBグループは同じ楽器を使っているが、音の鳴らし方やリズムを工夫して自分たち独自の魔法の音をつくった。

第 5 節　音楽で自分の考えを表現する楽しさ（3 年生）　179

m 4-5-2　効果音カード

A　前半 (後半)　（どちらか ○をうつ）

| 使う楽器 | 使用する人 | リズム |
|---|---|---|
| ハンドベル | | （渦巻き模様 5つ） |
| トライアングル | | （斜線の塗りつぶし） |
| 木きん | | ドレミファ リラシド |

B　前半 (後半)　（どちらか ○をうつ）

| 使う楽器 | 使用する人 | リズム |
|---|---|---|
| ハンドベル | | （ギザギザの波線） |
| トライアングル | | ○○○○○○○.○○○○ |
| 木きん | | （3つの塗りつぶしのかたまり） |

　魔法の音を協力して考えることができないグループには,「どういう順番で楽器を鳴らしたらいいかな」「いつ大きな音にしようか」など声をかけ，支援した。その結果，自分たちで魔法の音を図にかくことができた。そこで，わたしが,「魔法の音が途切れずになめらかにできるといいね」と声をかけると,「わかった」と言って，練習を始めた。ゆっくりだったが，図にかいたイメージ通りにできると，笑顔になった。

　発表会では，グループごとにナレーションを朗読し,「おかしのすきなまほう使い」の歌を歌って，間に魔法の音を入れて発表した。自分たちの考えた魔法のイメージ通りに音が出せるようにどのグループも図形の楽譜を見ながら発表していた。発表会後の洋男の感想には,「最初は，どういう順番で楽器を鳴らしたらいいかわからなかった。でもぼくが,『こうしたら』と言ったら，友だちが,『いいよ』と言ってそのやりかたにしました」とあった。自分の意見

に友だちが賛成してくれて，良い魔法の音づくりができたのが嬉しかったようだ。

### 3．音楽とお話で『かさじぞう』を伝えよう

　今までの学習を生かして，「『かさじぞう』のお話を，朗読，歌，間奏，効果音を入れて，グループで伝えよう」と呼びかけた。まず，「かさじぞう」のビデオを見て，感想を話し合った。「おじいさんは手ぬぐいをお地蔵様にかぶせてあげてやさしい」「お地蔵様たちがおじいさんとおばあさんに米俵を届けるところがよかった」という意見がでた。それをもとにして，ナレーションや「かさじぞう」の歌をおじいさん，おばあさんやお地蔵様の気持ちを考えながら心をこめて歌う練習をした。

　次に，雪の道を歩いて行くところや，「よいやさこらしょ，どっこいしょ」とお地蔵様たちが米俵を運ぶ場面では，どんな楽器や物を使うと場面に合う効果音になるかを考えた。その後，子どもたちは，楽器を使って自分の意見を発表した。さらに，ナレーターが話している間にも間奏をリコーダーで演奏しようとわたしが呼びかけ，全員で練習をした。

　また，子どもたちが朗読，歌，間奏，効果音を入れて「かさじぞう」の話をまとめやすくするために，次ページのプリントを示した(m 4-5-3)。

　最初に，見本でナレーター，効果音，間奏（リコーダー）をやってくれる子を決めた。歌は全員で歌い，伴奏はわたしが弾くことにした。クラス全員でナレーター，歌，間奏，効果音を入れて，「かさじぞう」を表現した。「今度はグループで役割を決めて，練習をして発表をしよう」と呼びかけた。

　グループで役割が決まったところから，自分のやるところをそれぞれ練習した。効果音については，「おかしのすきなまほう使い」の授業のときと同じように表したい音を図形の楽譜にかいて考えるよう指示した。自分たちで進んで話し合いをして，図形の楽譜をかいて協力して練習をしていた。

　友香子はピアノが得意なので，歌の伴奏をピアノでやることにした。智子は，リコーダーが得意なので，「間奏を一人でやる」と言って，熱心に練習をして

第5節　音楽で自分の考えを表現する楽しさ（3年生）　　181

m 4-5-3　「かさじぞう」の台本

かさじぞう　　年　組　番　確（　）

| ナレーター（眞子） | 美子 | 眞子 | 眞子 | 美子 | 効果音　間　交 |
|---|---|---|---|---|---|
| ある年のくれのことです。じいさまはすげがさを売って、そのお金で正月のもちを買おうと町まで出かけました。 | 歌1番　ばんそう（　）　歌　全員　　じいさまは、がっかりして帰りかけると、道ばたにお地蔵さまがおりました。 | 歌2番　ばんそう（　）　歌　全員　　「そうあ、ええことをなさいました」とよろこびました。　家に帰ってその話をすると、ばあさまは | その夜のこと、どこからかふしぎな歌が聞こえてきました。「よいやさこらは、どっこいしょ、じいさまのうちはどこかいな。」 | 歌3番　ばんそう（　）　歌　全員 | |
| | おじぞうさまが雪の重みで道に手を得（宏） | （智子） | （智子） | おじぞうさまの歩く音（政高）（恵美） | |

いた。本を朗読するのが上手な眞子は，「ナレーターがやりたい」と言って，気持ちをこめて言えるように練習をしていた。自分の得意なことやできそうなことを考えて，どの役割をやりたいか考えている子が多かった。それは，得意な分野を伸ばすという点においてはよかった。しかし，苦手なところを頑張ってやろうという子はほとんどいなかったのが残念だった。

　個人で練習ができたので，今度はグループで初めから最後まで通して練習するよう指示した。チームワークのよいグループは自分たちで協力し，練習することができた。しかし，グループで協力してできないチームもあったので，クラス全体で通す練習もおこなった。

　今回もグループで発表する機会を設けた。「発表会が一番楽しい」「発表会で上手にできたのでうれしかった」という意見が多かった。発表会をやることに

より，目標をもって練習することができた。

「音楽で自分の考えを表現する楽しさ」の実践は，子ども同士が協力して活動して，音で表現することを重視してきた。一人では，音を考えたり，繰り返し練習できない子も，友だちと一緒に活動をすることによって，意欲的に学習をすることができた。子どもたちは音を使って表現することの楽しさを感じ取ることができたのではないかと思う。

【樹神ゆかり】

## 第6節　ケンの独り言
―― 五感を使う日本語個別指導（在日外国人児童の指導）――

　ぼくはケン，日系4世ブラジル人。作野小学校1年3組。日本語教育適応学級「けやき学級」の一員でもある。6歳の11月の終わり頃に日本に来て，4カ月後に入学したから，幼稚園や保育園には通っていない。先に日本へ働きに来ていたお父さんが教えてくれた日本語は，「おはようございます」「ありがとう」「ごめんなさい」「トイレへいってもいいですか」の4つだけだった。これだけは知っていないと絶対に困る言葉だと教えられた。

　4月6日，入学式。今まで家の周りで一緒に遊んでいたカイトやマイちゃんとは学級が違ってしまった。名簿番号「1」。「明石」というお父さんの姓のためらしい。何でも最初にやらなければいけないらしい。お母さんも先生の話を聞いているけれど，わからないんだろうな。時々ぼくに笑顔を向けてくれるけれど，首をすくめて，頭を横に振っている。

　教科書や算数セットの箱を持ってきた紙袋に入れて，帰る準備をしている時だった。女の先生が3枚のプリントを綴じたのを持ってきて，お母さんに渡した。それを見て，お母さんが笑顔になった。ぼくがプリントをのぞき込むと，小さな字が横に並んでいた。学年だより第1号のポルトガル語版だった。家に帰って，お母さんに読んでもらって，明日からの準備をした。生活や学習のことについていろいろなことが書かれていて，だんだん心配になってきた。明日から，みんなと一緒にできるかな。

　4月は学校生活の基本を覚えるために，「授業・放課・給食・清掃」の時間は学級のみんなと同じように行動した。でも，みんながやるのを見てから動いたから，少し遅れた。先生は全員ができるのを待っていてくれたから助かった。家庭訪問にはポルトガル語通訳の先生が担任の先生と一緒に来てくれた。お母さんは多くのことを質問して，全部教えてもらえてよかったと言っていた。

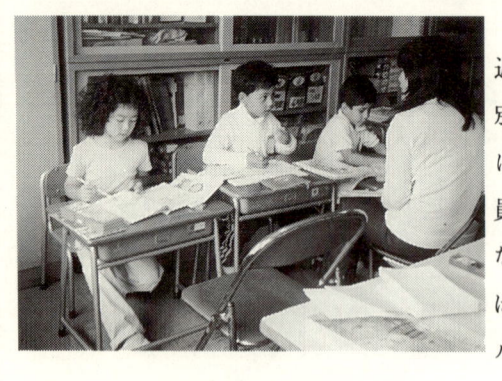

p4-6-1 相談室兼用の取り出し教室

ゴールデンウィーク過ぎから1日1時間,週4回の取り出し授業(在籍学級の授業とは別教室で,担当教師が該当児童を個別あるいは少人数指導する特別授業)が始まった。職員室の隣の小さな部屋が教室だった。大きな机が部屋の中央にあり,その隅の空間にぼくたちの学習机を置いた。壁にはスチールロッカーが並び,本や書類がびっしりと立てられていた。カイトやマイちゃんと一緒になれることがうれしかった。この時間がとても楽しみなのに,その時間がいつなのか覚えられなかった。だから,担当の先生が呼びに来てくれるのを待っていた。

　日本語教室へ行くときには,担任の先生に「いってきます」と言うように教えられた。最初は何のことかわからなかった。でも,日本語学習担当の先生がぼくの体を担任の先生の方に向けて,耳のところで小さな声で「いってきます」と言うので,ぼくも言うのかなと思って同じように言った。すると,担任の先生もぼくの方を向き,「行ってらっしゃい。しっかりね」と言った。ケントもマイちゃんも同じようにした。国語の本と鉛筆を持って歩いて行くと,職員室から教室へ行く先生たちが,「こんにちは。元気だね」と,声をかけてくれた。校長先生は立ち止まって,「ボンジーア(おはよう)」と言ってくれた。

　ぼくたちは日本語教室へ入るとき,戸を開けると一人ずつ「しつれいします」と言った。「ひつれいします」と言ってしまうと,やり直しをした。意味はよくわからなかったが,部屋へ入るときに言う言葉だなと思った。勉強を終わって部屋を出るときも「しつれいしました」と,一人ずつ言って出た。廊下へ出たときに隣の職員室に出入りするみんなもこの言葉を使っているのを聞いた。「します」が始めで,「しました」が終わりに言う言葉だと覚えた。学校の中を見て歩いたとき,特別教室への出入りにもこの言葉を使った。もちろん職員室

にも。言い慣れた言葉になっていたから，いつものように大きな声で「しつれいします」と言ったら，机で仕事をしていた先生全員が，ぼくの方を見たのでちょっと恥ずかしかった。一人の男の先生（あとで教頭先生だと知った）が，「おお，元気な声だなあ。どうぞ」と言ってくれた。ほっとした。

　意味はよくわからなくても，挨拶のように決まったときに言う言葉として教えられたのが，「いまから2時間目の勉強を始めます。お願いします」「これで2時間目の勉強を終わります。ありがとうございました」だった。最初は長くて覚えられなかった。勉強を続けて8カ月以上たった今でも時間の言い方を間違えてしまうことがある。「今から」と張り切って言っても後が出てこなくて，考える振りをした。そんなとき，先生が「3時間目の……」と続けて，助けてくれた。今では何時間目かに注意して言うことができる。また，「お願いします」や「ありがとうございました」と言うと自然にお辞儀ができるようになっている。「今から……始めます」や「これで……終わります」の呼応も今では覚えられた。これまでには「今から」と「これで」，「始めます」と「終わります」が逆さになって，みんなで大笑いしたこともあった。

　1カ月くらいその部屋で勉強した後，普通教室をぼくたち専用の教室として使えるようにしてもらった。その教室は3階にあったので，階段を昇っていくのが楽しみになった。6年生の教室の近くというのも気分が良かった。引っ越しのときにはうれしくて，何度も机やいすを持って昇り降りした。そのときにも先生は「かいだん」「かいだんをのぼる」「おりる」「いすをはこぶ」「ならべる」など動作を日本語で繰り返した。ぼくたちが先生の言葉を聞いて反復すると「ムイト・ベン（よくできました）」と言って，頭をなぜたり，拍手をしたりしてくれた。ぼくはカイトと競って声を出した。

　新しい教室づくりが始まった。日本語学習の教室と言うだけでなく，日本の文化の紹介や国際理解教育の機能を持った場にしようという思いが先生にはあるらしい。作野小学校を象徴するけやきの大樹から名前をもらった「けやき学級」の看板をつけ，日本とブラジルの国旗を飾りつけた。級訓は「なかよし」

と決めた。日本語，ポルトガル語，英語，中国語で表示した。安城市からいただいた姉妹都市（アメリカ合衆国のハンチントンビーチ市とオーストラリアのアルトナ市）との協定書（レプリカ）も飾った。教室内にある品物や天井，床，壁，ロッカーなどあらゆる物に，日本語とポルトガル語で名前を書いたカードをつけた。先生や高学年の人がカードを作ってくれた。1年生のぼくたちが1枚ずつ貼っていった。貼りながら，またいつもそれを見ながら実物と結びつけて名前や文字を覚えられるようにという作戦らしい。実は，ぼくはポルトガル語が話せたり，聞いて理解することはできるが，文字を書いたり，読んだりはできない。だから，ポルトガル語が書いてあっても読めないので，何度も読んでもらって聞いて覚えた。日本語を覚えながら，ポルトガル語の綴りを覚えられたのは良かったと思う。

　特におもしろかった勉強が2つある。

　その1つは身体の各部の名前やそれに関係する言葉を覚えた勉強だ。ぼくたちと同じくらいの大きな絵を先生が用意してくれた。自分の体と比べて，名前カードを絵に貼っていった。

　「て」「め」の1文字言葉，「みみ」「くち」「あし」の2文字，「あたま」「せなか」の3文字，だんだん文字の数が増えていくのがおもしろかった。

　みんなでそれぞれの体の部分の大きさ比べをした。先生が大きいのがいちばん多かった。その次はぼくだった。先生より大きいものが1つあった。目だ。カイトとマイちゃんが審判になって決めてくれた。身体はだんだん大きくなっていくのだけれど，大人より小人の方が大きいものもあることを知った。プリントに書き込んでいくとき，3人で競争した。その後で絵に色塗りをしながら，色の名前も覚えていった。1学期は見るもの，聞くもの，触るもの，

p 4-6-2　体の各部の名前の学習

**p 4-6-3 カードを作るぼくたち**

何でも新しくて、覚えることばかりだった。

　もう1つの楽しい勉強は2学期になってからだ。2人の女の子が1年生に編入した。マミちゃんはカイトの組に、アミちゃんはぼくの組になった。ブラジルから来て少ししか日が経っていなかったから、4月に入学したぼくより日本語を知らなかった。ぼくは2人を助けてあげなくてはと思った。カイトもとても張り切って、けやき学級へ行くときには持っていくものを教えてあげたり、案内してあげたりした。

　ぼくは「あいうえお五十音」の読み書きは自由になっていて、日本語もたくさんわかるようになっていた。だから、マミちゃんとアミちゃんにも早くひらがなを覚えてほしいと思った。先生にそのことを言うと、先生が画用紙にひらがな五十音のカードを印刷してくれた。字だけではなくて、絵も描いてあった。「あ」のカードには、握手している手の絵の近くに「あくしゅ」と書いてあった。「い」のカードは椅子の絵に「いす」の文字というようだった。

　ぼくたち1年生5人はカードの絵に色を塗るのに熱中した。1字1字の読み方や絵についての説明を日本語やポルトガル語で話をしながらの色塗りは楽しかった。女の子はていねいに塗っていたけれど、ぼくは少し乱雑だった。早く仕上げたかったからなんだ。色塗りを終わったら、「あいうえお、かきくけこ、……」とか、「あかさたなはまやらわ」とか、五十音表を縦や横に読んだり、

書いたりして，マミちゃんやアミちゃんに教えてあげた。2人は，1週間ぐらいすると順序通りに並んでいるとだいたい読めるようになってきた。すると，先生がみんなにはさみを貸してくれて，1文字ずつのカードに切り離すように言った。

1文字ずつばらばらにしたカードで，文字拾いや言葉づくりのゲームをしながら勉強した。何回もしていると，自分の1セットのカードでは言葉づくりで足りないときがあった。みんなのカードを合わせて使えば，多くの言葉ができることに気がついた。机の上では狭いので，床を使うことにした。教室の隅に机を寄せて，床の空間を広げた。そこにカードをまき散らし，みんなで並べた。文字拾いゲームではマミちゃんとアミちゃんが問題を出した。カイトも調子に乗って，出題者のように声を出した。ひらがながまだ自由に読み書きできないカイトなので，許してあげた。5人のセットを一緒にしたので，同じ文字が5枚集まると次の文字拾いに移った。言葉づくりの出題者はぼくとマイちゃんだ。先生も時々出題者になって，長い言葉を問題にした。また，ぼくたちが気がつかないでいるような動き言葉も言ってくれた。このゲームをやっていると楽しいので，すぐ1時間の勉強時間が終わってしまった。

ゲームを早くやりたくて，初めの挨拶もしないでカードを広げてしまうことがあった。そんなときには先生に注意されて，カードを片づけて，挨拶からやり直した。その日の学習計画がひらがなの学習ではないことがあって，がっかりしたこともあった。1カ月くらいこのゲームに夢中になった。そのうちにマミちゃんもアミちゃんも，ばらばらになっているひらがなを自由に読めるようになった。

ひらがなを覚えたら，本が読みたくなった。ちょうど国語の授業で「サラダ

p 4-6-4　ゲームに興ずるぼくたち

でげんき」を勉強していたので，音読の交互読みをした。この文章は繰り返しの文が多くて，音読がおもしろい。でも，カタカナが出てきたり，小さい「っ」の音（促音）や「キャ」「シュ」のような音を含む言葉があったりで苦戦した。学級の宿題の「ほんよみカード」に，先生がうちの人に代わって「◎」や「○」を書いてくれるのが楽しみだった。

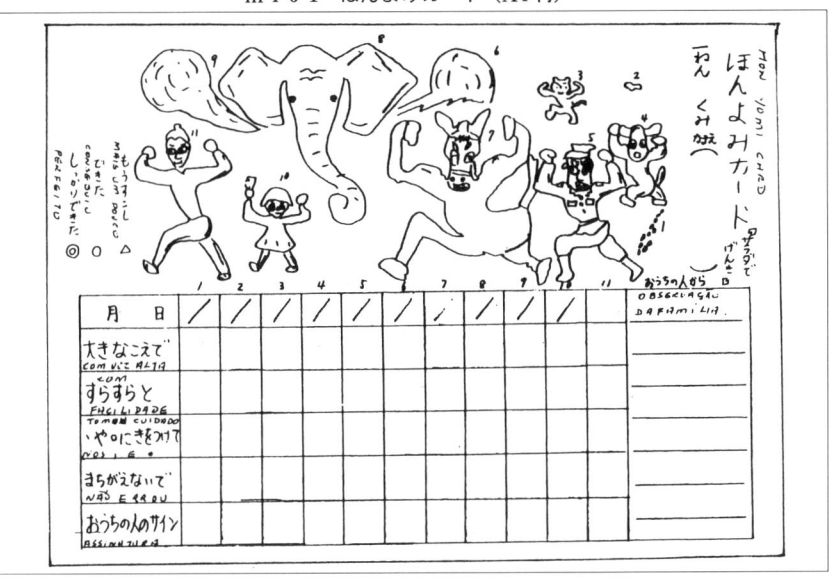

m 4-6-1　ほんよみカード（A4判）

今，ぼくはしたことや思ったことが少しずつ書けるようになってきた。「せんせい，あのね……」と話してくれるように書けばいいのだよと言って，担任の先生が渡してくれた「あのねちょう」に書いている。初めはけやき学級の先生と話をしながら，先生が教えてくれる文を１つずつの言葉に分けてもらって，それを聞いて書いた。３回くらい教えてもらっているうちに，自分で書いてみようと思った。書き終ってから先生に見せると，先生が抜けた文字を（　　）で補ってくれた。話している言葉をそのまま書いたつもりなのに多くの文字が抜けてしまったんだなあ。

> きのうはおのてつおくん（と）ゆうきくんとこじまゆうやくんとかずまくん（と）どっちぼうる（で）あそびました。　　　　　　　　　　　　　　　　　　　　　　　　　　　[11/12]
> 　　　　　　　　　　　　　　　　　　　　　　　　　　　　　　　　　　　　[ゲーム]
> きょうはおかあさんといも（う）と（と）げ（ー）む（で）あそび[い]ました。おもしろ[い]だ（っ）た（。）たのしか（っ）たです。　　　　　　　　　　　　　　　　　　　　　　[11/30]
> ぼくのすき（な）べんきょうはたい（い）くです。たのしか（っ）たよ。はしりました。いちばんでした。　　　　　　　　　　　　　　　　　　　　　　　　　　　　　　　[ドッチボール]
> せんせいとあみちゃんとなみちゃんとあづさちゃんとど（っ）ちぼうるをやりました。
> きょう（,）さんくみみ[い]んなでこおりおに（を）やりました。　　　　　　　　　[12/10]
> ＊（　）教師が補った文字　　＊［い］不要な文字

　これからは書かれた文章をしっかり音読して、正しい日本語の言い表し方を覚えよう。漢字も読みだけは早く覚えなければと思う。そして、日本語で「話すこと」や「書くこと」をもっともっとできるようにしたい。　　【黒柳時恵】

## 第7節　あこがれのマーチング

> 　小学校1年生の運動会。そこで私は初めてマーチングの演技を見て，とてもびっくりしました。毎朝，運動場で練習をしているのは見ていたけど，衣装をつけて本番の演技をみてみるとまたすごく迫力がありました。4年生になったら絶対に私はマーチングをやるぞと思いました。
> 　　　　　　　　　　　　　　　　　　　　　　　　　　　　　　　（優美子）
> 　お姉ちゃんが練習のためにトランペットを家に持って帰って来ました。お姉ちゃんがいない間にそっとケースをあけてみると中から金色に光ったトランペットがでてきました。私はなんてきれいな楽器だろうと思いました。こっそり楽器を出して吹いてみるとブーと音がしました。私はすごく嬉しくなりました。それからはお姉ちゃんが楽器を家に持ち帰ってくれるのを楽しみにしていました。
> 　　　　　　　　　　　　　　　　　　　　　　　　　　　　　　　（智子）

　上の2人の子どもたちの作文でもわかるように，マーチングを始めるきっかけは，小さい頃からのマーチングへのあこがれである。兄や姉がやっていたので自分もやりたいと思って入ってくる子が多い。作野小学校の子どもたちにとって，マーチングはあこがれの的であり，マーチングバンドに入ることのできる4年生になるのをまちどおしく思っている子どもたちが多い。

### 1．まっていたのは厳しい練習

　「大好きなトランペットが吹きたい」「きれいな旗をふりたい」子どもたちはマーチングがやれることが嬉しくてしかたがないといった顔で練習にやってくる。しかし，実際に練習が始まると「楽器が重い」「腰が痛い」「なかなか高い音がでない」などマーチングの練習は思った以上に厳しくて，弱音をはく子どもたちがいる。こんなときにやさしく相談にのっているのがパートリーダーである6年生の子どもたちである。自分たちの経験を生かして，ときにはやさしく4年生に声をかける。また，ときには厳しく突き放すこともある。突き放したときには，パートリーダーが「先生どうしたらいいですか」と相談に来る。

　カラーガードのパートリーダーである愛美の作文である。

> 私は今年カラーガードのパートリーダーになりました。パートリーダーになることは、4年生からの夢でした。今年は4年生の新入部員もたくさん入ってきてくれたので、嬉しかったです。練習がはじまりました。カラーの基本であるポール操作、ディップの練習が続きます。でも、4年生の子たちにとっては、ディップの練習より、旗をまわすスピンやポールを投げるトスをすぐにやりたがります。まだ、ポールをしっかり握ることができないので危ないと言ってもわかってもらえません。ある日、4年生が5年生の子からスピンのやり方を教えてもらっていました。その時の4年生の子たちの顔はとても楽しそうでした。金管の子たちがドレミの音階がふけないのに、曲をふくのと同じなのに、どうしてわからないんだろう。スピンを教えた5年生の子にたいしても腹がたちました。
>
> （愛美）

愛美はパートリーダーとして、とても悩んでいた。でも、このとき、愛美はかつてパートリーダーであった先輩の気持ちを知ることができた。自分が4年生だったときもディップの練習をまじめにやることができなかったことを思い出した。今の4年生の子たちもパートリーダーになったときに、初めて愛美の気持ちを知ることができるだろう。

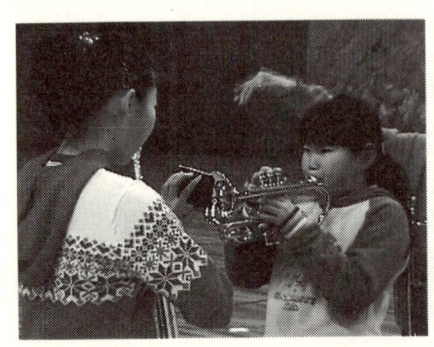

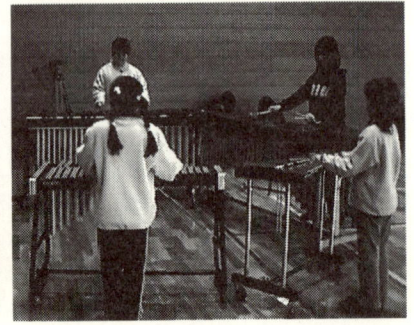

p4-7-1　チューナーで音の確認　　p4-7-2　パートでデイリートレーニング

## 2. Sakuno Dramatic Dreams の誕生

作野小学校マーチングバンドは結成されて13年になる。卒業生のなかには「先生、中学校へ来てマーチングバンド作ってよ」「高校は私学へ行かないとマーチングがやれないんだよね」と言う子どもたちがいる。小学校4年生から6年生までやったマーチングは子どもたちのなかに強くやきついている。毎日の厳

しい練習で，自分の時間が少なくなっているにもかかわらず，みんなで一つのものを創りあげた喜びは大きい。「一人はみんなのために，みんなは一人のために」を合言葉に，同じ目標に向かってがんばってこれたことが子どもたちの喜びにもつながっている。学年を超え，子どもたち同士が教え合い，励まし合うことができるマーチングは貴重な場である。

p 4-7-3　夏祭りで小中合同演奏会

　8月下旬，篠目(ささめ)公園で夏祭りがおこなわれた。篠目(ささめ)中学校の学区の人たちが集まってみんなで盆踊りをしたり，風船つりをしたりして楽しんだ。このオープニングセレモニーで小中合同の演奏会を披露する機会をもった。子どもたちから合同演奏会への参加希望をつのってみると，作野小学校の卒業生でマーチングをやっていた子どもたちばかりであった。

　中学生の子どもたちとあまり練習をすることができなかったものの，合同演奏は大成功に終わった。どの子の顔も輝いていた。

　以下は夏祭りのときの小学生の子どもと地域の方の感想である。

　　中学生の人といっしょに「シンデレラ」の曲を演奏しました。中学生の人たちがトロンボーンやユーフォ，チューバの音を響かせてくれていたので吹いているうちに楽しい気分になりました。トランペットをふいていても安心してふけました。中学生の人たちはすごいなと思いました。
　　　　　　　　　　　　　　　　　　　　　　　　　　　　　　　　（摩耶）

　　作野のマーチングはやっぱりすごいですね。みんなが楽しそうに演奏していて見ているわたしたちも嬉しくなります。子どもたちががんばっている姿を見ることができ，夏祭りも盛り上がりました。
　　　　　　　　　　　　　　　　　　　　　　　　　　　　　　　（山崎さん）

　先輩である中学生の姿に感動していることがわかる。小学生の子どもたちも中学生ともう一度，いっしょにマーチングがやりたい。中学生の子どもたちもマーチングがやりたいという強い気持ちが再びよみがえってきた。こんな子ど

もたちの姿を見て、篠目(ささめ)中学区にはマーチングが好きな子どもたちがこんなにも多いのならば、作野小学校を母体にマーチングバンドをつくろうという動きがでてきた。その中心は、マーチングをやっている子どもたちの保護者であった。

　作野小学校や篠目(ささめ)中学校の校長や町内会長に話をし、理解、協力をえて、篠(ささ)目学区のマーチングバンドを結成した。Sakuno Dramatic Dreams の誕生である。まさにドラマチックな誕生であった。

### 3．学校と地域が一体となってもらった全国大会への切符

　8月ではあったが、学校開放の機会を利用し、練習が始まった。中学生の子どもたちは部活動が終わってから合流するので、疲れてやってくることが多い。しかし、楽器を吹き始めるとまたいつもの元気な顔になってくる。小学生の子どもたちは「先生、わたしたちが4月から練習してきた曲、中学生の子たちはもう吹けるよ。どうして、すごすぎるよ」と言ってくる。夏休み中に4曲と動きをマスターした中学生はやはり小学生の子どもたちに、とってもよい刺激となった。マーチングの演技に必要な30メートル四方の広さは小学校の体育館では確保することができない。そこで、市の体育館やスポーツセンターを借りて練習をすることにした。体育館への予約や楽器を運ぶための車の手配はすべて保護者がおこなっている。楽器を運ぶために普通の乗用車からワゴン車にかえた方や、大型トラックに屋根をつけた方や「よかったら家のトラック使ってよ」と自分の子がマーチングをやっていないのにもかかわらず、声をかけてくださる方もいた。

　楽器の積み込み、ポイントの貼りつけ、衣装つくりなど保護者同士が声をかけあっていっしょにやっ

p4-7-4　ポイントをはる保護者

ている。トラックの運転は父親がおこなうことが多いので，父親同士の交流も生まれる。家族ぐるみでマーチングを支えている。こんな姿をみて，子どもたちは親にたいし，感謝すると同時に自分たちがやれること，そして，やるべきことに気がつき，練習にも熱がはいる。

p4-7-5 演技で使う手作りの大八車

　マーチングの東海大会は名古屋のレインボーホールでおこなわれた。会場いっぱいに声援が響きわたる。子どもたちが練習をしている間に，保護者の方々は声援の練習をおこなっていた。子どもたちはその声援にこたえるかのように自分の力を出し切ることができた。

　全団体の演技が終わり，閉会式の時がやってきた。閉会式では審査発表がまっている。隣の子と手をとりあっている子や手をぎゅっと握り，祈っている子もいる。「中学生の部，発表します」のアナウンスと同時に，場内がシーンと静まりかえる。「Sakuno Dramatic Dreams 金賞です。全国大会出場です」発表と同時にSakuno Dramatic Dreamsの応援席からは，われんばかりの歓声と拍手があがった。子どもたちもだきあって喜んだ。みんな涙ぐんでいた。全国大会がおこなわれる日本武道館で演技することができる喜びとまた，マーチングの練習が続くんだという嬉しさが子どもたちのなかに広がった。この喜びは応援をして見守ってきてくださった保護者のみなさんも同じ気持ちだった。

### 4．8分間はわたしたちの時間

　第29回マーチングバンド全国大会は日本武道館でおこなわれる。中学生の部には，全国から18校が集まってくる。中学生の部は全国大会でもコンテストであり，成績によって，金賞，銀賞，銅賞が決まる。メンバーのほとんどが小学生であるSakuno Dramatic Dreamsにとって，演奏，演技の面では不利

p4-7-6 日本武道館で楽しんで演技している子どもたち

である。そこで，子どもたちには「日本武道館での演技時間である8分間は，あなたたちの時間だから，成績のことは一切考えずに楽しみなさい。みんながマーチングが大好きだということを全国のみんなに伝えようね」と声をかけた。審査員のための演技ではない。しかしながら，実際には，自分たちが楽しむ演技をするのは，演技をうまくやる以上にむずかしいことである。見ている人にも楽しんでもらえる演技をしなければ，自分たちも楽しむことができないからである。

　全国大会の日をむかえた。朝から子どもたちの顔には緊張感はなかった。今までやってきたことをすべて出そう。わたしたちの思いを伝えよう。そんな気持ちで子どもたちも保護者もいっぱいだった。まわりのバンドの人たちのことも全然気にならなかった。8分間の演技を思いきり楽しむことができた。演技が終わってからは，多くの先生たちや保護者の方が応援にかけつけ，温かい拍手でむかえてくださった。このとき，途中であきらめず，最後までがんばってやってよかったという思いを子どもたちはもち，それがさらに，大きな次への自信へとつながっていくことであろう。

【山本真佐子】

# 補　章　ドイツの基礎学校実践から

## 第1節　異文化交流プロジェクトにおける他者理解

　ドイツの基礎学校は，日本の小学校に当たり，6歳から10歳までの子どもたち全員が通学している。そこで国語や数学と並んで重要視されている主要教科に「事実教育」がある。テーマに即した事実や実例を通して物事の本質に迫ろうとするもので，80年の歴史をもっている。この事実教育では，学びの過程で子どもたちが実際に体験し，活動することが基本要素となっている。したがって，そこには生活科や総合的学習の時間にとって参考とすべきさまざまな提案が存在する。

　ここではそのドイツの事実教育およびプロジェクト活動から実践例を紹介する。作野小学校における子どもの学びの支援に通じ，さらに国際化が進められているわが国の小学校教育において参考とすべきものがあると考えるからである。

　基本資料は次の2文献である。

Edith Glumpler: Interkulturelles Lernen im Sachunterricht. Bad Heilbrunn 1996

Edith Glumpler u.a.: Projekte planen und fuer sprachliches Lernen aufbereiten. In: dies.: Auslaendische Kinder lernen Deutsch. Berlin 1997

基本資料のなかでドルトムント大学のエディト・グルンプラー教授は，異文化交流教育学の背景および意義について先行研究にふれつつ次の3点にまとめている。

① 旧西ドイツの基礎学校では1960年代以降にドイツ人の子どもと「外国」の子どもが一緒に生活しそして学ぶようになった。ドイツの再統合後，国際的な移民や難民の動きは旧東ドイツであった地域の学級の構成もまた変えた。

② 1970年代の外国人教育学の代表者たちは，出身国の学校システムから受け入れ国（ここではドイツ）の学校システムへスムーズに移行し慣れるためのさまざまな補償措置を支持していた。それゆえ外国人の子どもが祖国に戻る際に必要な能力を維持するための授業は考慮されていなかった。

③ 1980/90年代の異文化交流教育学と教授学の代表者たちは外国人の子どもの存在が問題であるとは決して考えていなかった。むしろ日常的な学校生活が豊

かになり，そしてドイツ人の子どもにとっても，移住してきた子どもにとっても意義のある学習の機会になるものと考えていた。そしてかれらは子どもにとっての生活世界の民族的多様性を理解し，経験し，追究し，克服できるように基礎学校教育の教授学的基礎を発展させた。

## 1．異文化交流プロジェクト

グルンプラー教授は「プロジェクト」概念を，ジョン・デューイに依拠しつつ，次のような学習状況および学習シーケンスの計画であると規定している。すなわちそこでは子どもたちは自らのために個人的に重要かつ「切実な」問いを設定し，自主的に追究し，独自に経験し，その経験を生産的に消化するのである。

プロジェクト活動が異文化交流になるのは，活動中にさまざまな国の多様な文化を身につけた子どもたちが論議することによる。ある人にとっては「普通」で，正義で，通例で，日常である多くのことは，他の人にとっては奇妙で，不慣れで，それどころか事情によっては耐えがたいことすらある。「切実な」問いは異文化交流学習のなかでは繰り返し生じるものである。若干の例を紹介する。

---

次のことは「よくあること」か
- 家庭で金曜日には肉を食べない
- 子どもたちが休憩時に食べるパンのかわりに，おにぎりをもって登校する
- 子どもたちは両親とともに春あるいは秋に新年のお祝いをする
- 成人は丸1カ月間，日中は飲食をしない
- 少年あるいは少女が割礼する
- 人前で男性同士が抱き合い，キスし，そして手を握って歩く
- 子どもたちが両親やその他の親戚の人への挨拶で手にキスする

あるいは次のことは「どこでもあたりまえのこと」か
- ひざを折って，あるいは頭を下げて挨拶する
- 男性同士ではお互いに触れ合わないし，キスもしない
- 休憩時にシリアルバーあるいは一切れのチーズを食べる
- 大晦日を原則的に12月31日に祝う
- 豚肉加工品が大好きだ

---

グルンプラー教授は，異文化交流プロジェクト活動は子どもたちにとって次の3点で有効であるとしている。

① 文化的な規準や標準性についてさまざまな考え方があることを知り，比較す

ることを学ぶ。
② 異質なものにたいして寛容になり，許容することを学ぶ。
③ 周知の規則や習慣的な日常的儀式が誰にでも当てはまるわけではないことを認識する。

では次にグルンプラー教授によるプロジェクト活動の考え方と成果を，2つの例にもとづいて紹介しよう。

### 2．異文化交流カレンダー（2年生）

子どもの時間意識の発達および時間知識の促進は，ドイツの基礎学校では数学および事実教授における標準的課題である。そのために，時計，カレンダー，時間割，時刻表を使いこなせるように手ほどきがされる。

ドイツの基礎学校でのカレンダー学習は，グレゴリオ暦の体系にもとづいておこなわれる。したがってドイツの通常のカレンダーは，

① キリスト教の日曜日を休日とし，ユダヤ教の安息日は休日とはせず，
② キリスト教(プロテスタント系)の休祭日を表示し，カトリックやイスラムの休祭日は表示せず，
③ ドイツの国全体の休祭日を表示し，移民家族や難民家族にとって非常に重要な休祭日は表示しない（ただしその日には移民や難民の家族の子どもたちは公式に休暇をもらえる），
④ イスラムの断食月（ラマダン）や祈祷時間についてはまったく情報提供せず，
⑤ ユダヤやイスラムの年代計算法にしたがえば，間違った年数を伝え，
⑥ イラン，アフガニスタン，あるいはベトナム出身の家族にとっては，間違った正月の日付を示している。

したがって多くの点で訂正と補足を必要としており，それゆえに異文化交流プロジェクト活動にとってわかりやすい材料である。

異文化交流カレンダーは，

① 今までの慣習的カレンダーの不十分な点を訂正し，
② 学級の子どもたちにとって重要な日付をカレンダー上に補足し（例えば誕生日カレンダー），
③ 学級内のすべての宗教や民族等にとって非常に重要な行事や祭日について情報提供する。

異文化交流カレンダー学習は短期のプロジェクトの場合は年度の最後の3カ月で実施される（その際，たいていは翌年用の学級カレンダーが作り上げられる）。し

かし1年を通じておこなわれる長期プロジェクトの場合は，カレンダー学習は必ず翌月の非常に重要な行事や祭日に向けて準備され，学級の全員が祝うわけではない祭日についてもまた情報提供される。

## 3．国際的な学級用クッキングブック（3年生）

　健康によいものを意識的に取り入れた食事は，ドイツの基礎学校では重要なテーマとなっている。多くの基礎学校では朝食（といっても午前中の「おやつ」に当たると理解すべきもの）が一緒にとられる。つまり，基礎学校で昼食が一緒にとられるのは，東ドイツで制度化されていた午後の学童保育制度が維持されている場合，あるいは新しいタイプの全日制基礎学校の場合のみである。この点で昼食を給食として提供することが普通である日本の小学校とはかなり事情が異なっている。

　したがって食事についてのプロジェクトは，朝食のために一緒に料理を準備したり調理することになる。そこで見たことのない調味料や，におい，風味などを知ることができるし，父母に料理法をたずねることもできる。また何を使って，そしてどのように父母が調理をし，そしてどのような仕方で食べるのかを自分および他の人たちのために記録することもできる。

　国際的なクッキングブックの作製は長期プロジェクトになる。そこでは年度を通じて継続的に活動がおこなわれる。子どもたちは五感を使った活動的な学びのなかで，見知らぬものにふんだんに親しむことになる。次に，グルンプラー教授の叙述にもとづいて，多数のトルコ人の子どもたちが在籍するドイツ基礎学校でのクッキングブック・プロジェクトの導入段階の一部を紹介する。

　　子どもたちは必ず最初の休憩時間の前に，2度目の朝食を教室でとる。そこでは，パンや果物やお菓子が活発に，けれども調整されているわけではなく交換される。ニリュフューがある日，縁が黒色の軟らかい，黄色の丸い小さな円盤状の食べ物が入った袋を持ってきて，とてもおいしそうに食べ，そしてその後に，油でべとべとになった指をなめたとき，好奇心を示す反応もあれば，嫌悪の反応もみられた。子どもたちは「あれえ，いったい何を食べてるの」と言ったり，「それを僕にもちょうだい」と言ったりしていた。
　　そしてドイツ人の子どもたちは，トルコ人の子どもたちに教えてもらった。ニリュフューがナスの輪切りをオリーブオイルのなかで炒めたものを持ってきたことを。それが「本当にとてつもなくきつい」においがしたのは，オリーブオイルに胡椒をさやごと入れたからであることを。さらに，その料理は自分たちでも簡単に作れることを。その調理法は学級のなかで十分に検討され，後に

> 壁新聞につくられ，写真や絵によってわかりやすくされ，そして最後にはＡ４の１枚の紙にまとめられた。
> 　こうしてクッキングブックの１頁目が完成した。

　クリスマス用焼菓子の調理法が続き，それからミートボール（豚肉を使ったものと，使っていないもの）についての調理法が提案された。ウインナソーセージを食べることは許されるか否かについてはトルコ人の子どもたちのなかで，熱い論争がおこった（「みえてなくても，ブタ肉が入ってるよ！」）。

　「村のピクニック」も準備されそして演出された。大きなテプシ（丸いお盆，子どもたちの言い方だと「巨人のお皿」）を持って行き，地面の上に敷いたテーブルクロスの上においた。皆で「巨人のお皿」の周囲に座り，自分用の皿を使わないでそこからとって食べたのである。

　切る，まぜる，こねる，味付けという実践的段階（ここでは見たことのないものや習慣的でないものについて多様な対話をする機会となった）に続いたのは，次のものについての記録と反省の段階であった。

① 食べ物についての規則と禁止
② 一定の食べ物と一定の行事との伝統的結びつき（クリスマスクッキー，ユダヤの過ぎ越しの祝いの子羊のような）
③ 自分の家の台所ではとても使えない異様なにおいのする薬味や香辛料
④ 若干のイスラム系の家庭では日の出前と日没後しか食べることができないラマダンに関して，子どもたちは断食月の間いつもより遅い時間に寝ることについても。

### ４．まとめ

　このように異文化交流プロジェクト活動は「他者についての学び」以上のものである。その上さまざまな母語の子どもたちが一緒にドイツ語を学ぶという面からみると，異文化交流プロジェクト活動は異文化コミュニケーションを促進するだけでなく，２番目の言語としてのドイツ語の習得にも大いに貢献している。というのは，

① 異文化交流活動のなかでは，ドイツの子どもたちと外国の子どもたちは，共通の問題，すなわちプロジェクト・テーマに関心をもって共に取り組む。したがって，かれらは一緒にそのテーマについて話し合う。
② プロジェクト活動の間，かれらは共通の体験をもち，共通の経験をする。かれらは五感を使って学ぶ。そこから具体的に話す機会や書く機会が生まれる。

③ かれらは作品(つまり,クッキングブックあるいは壁新聞など)がうまくいくように協力しあう。そして,文章を考えたり構成したりして努力する。
④ プロジェクト活動は他の「見知らぬ」人々や制度との接触を仲介する。たとえばテーマの追求のためにインタビューするとき,いつもと違う社会的・文化的なつながりが生まれ,交流がおこなわれることになる。

そのようにしてプロジェクト活動は異文化交流学習であると同時に言葉の学習となるのである。

## 第2節 宇宙と地球についての学び

自然認識がきちんと育たないのではないかという危惧と結びついて,生活科や総合的学習にたいする批判的な見解を目にすることがある。しかし生活科や総合的学習と理科とは決して対立するものではない。むしろきちんとした自然認識を育て,理科離れを防ぐような総合的学習の実践を考えていく必要があると考える。そのための糸口がやはり事実教育の中にある。ここでは下記資料にもとづいて,ドイツ基礎学校における天文学に関する授業例(3,4年生)を紹介する。

Petra Sauerborn/Gertrud Wolf:《All-Tag》in der Grundschule − Astronomie im Sachunterricht. In: Grundschulunterricht, Heft 2/2000

Ministerium fuer Schule und Weiterbildung des Landes Nordrhein-Westfalen (Hrsg.): Richtlinien und Lehrplaene fuer die Grundschule in Nordrhein-Westfalen. In: Schule in Nordrhein-Westfalen, Schriftenreihe des Kultusministerium, H. 2002

### 1. 太陽は夜どこにいるの

地球が自転していることは,今では8歳,9歳の子どもたちも知っている。そこでそのことを前提にしてこの授業を進めることができる。子どもたちは,地球上のどの場所もその固有の時間をもっていること,太陽は夜も「眠らない」こと,地球上では常に日の出と日の入りの交替があることを学ぶ。大まかにまとめると,経度でおよそ90度ずつ離れている4つの国あるいは大陸を選び,そこでは昼夜がどんどん交替していくという単純な例を体験することで,子どもたちは地球中心世界像から太陽中心世界像への移行を学ぶのである。

子どもたちは夜,星を自分で観察するようにと指示される。それは合宿授業の期

間中に，あるいはプラネタリウムを訪れることによって，共通の追求が可能になる。

　夜の星空の観察の次には，太陽についての質問が続く。たとえば，太陽は夜どこにいるのというような（資料1を参照のこと）。

**資料1　太陽は夜どこにいますか**

　太陽が夜どこにいるのかを考えてみたことがありますか。太陽も眠るのですか。

　太陽は，電灯のようにスイッチを切るのですか。あるいは他の場所で光っているのでしょうか。

　答えを考えましょう。追究しましょう。

**用意するもの**

- 太陽の役目をする大きなランプか電灯
- それぞれに大陸の名前（たとえばヨーロッパ，アメリカ，オーストラリア，アジア）を書いた4枚の板あるいは紙
- できれば，4人の大陸役が座ることのできる車輪付き机

**そしてどうするのか**

　教室で4人の子どもが顔を外に向けて輪になって立つか，机があれば座ります。その4人は皆で地球となります。それぞれは大陸名を書いた看板をもちます。これはたとえば略図あるいは典型的動物，植物またはそこに住む人々を描いたものにしてもいいですね。

　次に，ランプに点火しそして教室を暗くします。いよいよ実験が始まります。そしてその他の子どもたちは，太陽が夜どこにいるのかを発見する追究者です。

　大陸役の子どもたちは実験中は頭を動かさないで，常にランプに集中していなければなりません。

**実験1**

　太陽＝ランプが時計回りに4つの大陸の周囲を移動します。太陽が一度，地球の周囲を回った後，大陸役の子どもたちは，太陽がどのように動いたか報告します。追究者たちもまた話します。次に，太陽は地球の周りをゆっくりと歩き，それぞれの大陸のところで短時間，止まります。大陸役の子どもたちは，その止まった時に，自分の大陸ではちょうど朝なのか，昼なのか，夕方なのか，あるいは夜なのかを報告します。追究者たちは何に注意を向けるでしょう。

**実験2**

　今度は太陽＝ランプはじっとし，そして4つの大陸が一緒にゆっくりと輪状に回転します。4つの大陸はその際引き続き外側に顔を向けています。回転方

向は反時計回りです。完全に一周した後，大陸役の子どもたちは，太陽がどのようにかれらのところを通過して動いたのか報告します。追究者たちは何を観察したのでしょうか。その後，地球はさらに何度か非常にゆっくりと回転します。そして大陸役の子どもたちは何度も繰り返し止まります。そのたびに，ちょうど朝なのか，昼なのか，夕方なのか，夜なのかを報告します。追究者たちは何を観察したでしょうか。

　**みなさんは何を発見しましたか。**
　**太陽は夜どこにいますか。**
　**指示：**みなさんは，これらについてのお話を考えることもできます。話し手さんがそのお話をみんなに読んで聞かせます。たとえば，さまざまな国に住んでいる4人の子どもたちが互いに電話しあう様子についてのお話を。また，そのお話を劇にして演技してみせることもできます。たとえば常に，ちょうど昼間にあたる子どもが順番を務めるのです。

　資料1の最後の「指示」で言うお話とは，たとえば次のようなものになるだろう。アメリカのロサンゼルスにいるAさんが，オーストラリアのキャンベラにいるBさんに電話します。「こんにちは，わたしは今から昼ご飯を食べるところ。太陽は正面にみえますよ」「おはよう，今はちょうどベッドから起きるところ。太陽は左方にみえますよ」その頃カブールのCさんに，ダブリンにいるDさんが，夕食をすませて，電話をかけます。しかしCさんは電話に出ません。「Cさんは寝てるんだね。今，太陽が右の方にみえるのを教えてあげようとしたのに。」「ムニャムニャ……太陽はみえません……グーグー」

　このような補足的な役割遊びによって，太陽の動きが自分の日課に当てはめながら理解される。子どもたちはたとえば，かれらが起床するとき，他の国では就寝時間であることを学ぶ。

### 2．校庭内の小宇宙

　宇宙は神秘の世界にとどまっている。それは，宇宙についての疑問がずっと昔から人間にとって重要であったにもかかわらず，その距離や規模が人間の想像力をはるかに超えているからである。テーマが抽象性の高いものとなり，使用される数値はあまりにも膨大である。したがって例として選ぶには直観的でしかも追実行可能であることが望まれる。この実践は縮尺どうりに用紙に書き込むことによっておこなわれる地球との比較から出発する（資料2参照のこと）。

### 資料2　わたしたちの校庭のなかの小さな太陽系

太陽系は太陽と9つの惑星からできています。9つの惑星とは，水星，金星，地球，火星，木星，土星，天王星，海王星，冥王星です。惑星の順番は単純な（暗記を楽にする）言葉の列で暗唱されます。すなわち，

**すい星　きん星　ち球　か星　もく星　ど星　てん王星　かい王星　めい王星**

大きなものを小さくコピーしようとするとき，縮小します。したがって，太陽系を校庭あるいは校区に表そうとするときには，あらゆる大きさと距離を相当に縮小しなければなりません。太陽を50センチの大きさのボールとして表すとき，太陽系はおよそ2キロ以上の距離になります。下の表は太陽を5センチの大きさのボールとして表した場合のものです。

**表：距離と太陽の直径の換算**

| 太陽との距離 | 直径 | 太陽との距離 | 直径 |
|---|---|---|---|
| 太陽　0　m | 5cm | 木星　27.9m | |
| 水星　2　m | | 土星　51.3m | |
| 金星　3.9m | | 天王星　103.2m | |
| 地球　5.3m | | 海王星　161.8m | |
| 火星　8.2m | | 冥王星　212.2m | |

**用意するもの**
- とても長い物差し
- 惑星と太陽の名前を書いた10枚の看板（絵を描いてもいいですね）
- 太陽を表すボール

**そしてどうするのか**

200メートル以上の長さを測定できるところを探しましょう。おそらく運動場でしょう。一人の子どもが太陽となり，そして始まりの所を太陽として，ボールを置きます。次にその他のそれぞれの間隔を測定します。とにかく慎重に，繰り返し太陽から測定を始める必要があります。

**補足課題**

常に太陽から測定しないといけないわけではありません。惑星間の距離も予想してみましょう。その結果が正しいかどうかは，測定された距離の合計からわかります。

子どもたちは太陽を起点として測定することによって，太陽がどれほど大きい意義をもっているのかを学ぶ。なぜ「地球系」でなく，「太陽系」と言うのかを説明

できるようになる。
　補足課題は応用計算問題である。その結果は直接，検証することができる。
### 3．地球は丸い
　宇宙についての一般的な疑問に続いては，自分たちが住む惑星つまり地球についての疑問が出てくる。しかも地球が球体であることに関する疑問が（資料3参照のこと）。

---

**資料3　地球は丸いのですか**
　性能のいい望遠鏡を使うと，ドイツからアメリカが見えるかどうか，考えたことがありますか。おそらく途中には多くの遮るものがあるとか，あるいはアメリカは遠すぎるという意見もあるでしょう。しかし月のような遠くからでもアメリカはわかります。飛行機で空高くのぼれば，妨げるものは途中にありません。そしてあなたの近所の地面は丸くなっていますか。実験しましょう。

**用意するもの**
- 地球儀（あるいは大陸の輪郭が描かれた大きなボール）
- いくつかの同じ大きさの人形
- セロテープあるいは両面テープ

**そしてどうするのか**
　人形たちを直線上に，等間隔で，地球を表すボールあるいは地球儀に貼りつけましょう。たとえばドイツから始めて，アメリカまで並べます。一人の子どもがその地球を高く持ち上げて，ひとつの人形（たとえばドイツの人形）が上になるようにします。他の子どもたちは目の高さを正確にその人形の高さに合わせて，他の人形の方向を見ます。実際に，まるで自分が上の人形になったつもりになって見つめます。

**実験1**
　まず地球をゆっくり回転させ，そして人形と人形の間の直線にそって観察します。何が見えますか。

**実験2**
　次に地球を逆方向に回転させます。何がみえますか。

**実験3**
　そして目を閉じ，そして地球儀の上の「ドイツ」を指でなぞりましょう。丸みを感じることができますか。

　**指示**：教室を暗くして，ランプで人形たちを照らしてみると，影についての

観察をすることができます。
**何を発見しましたか。**
**なぜアメリカをみることができないのですか。**

　最初の実験では，人形は全部が順々に見えてくること，したがって最後の人形（つまりアメリカの人形）は，最後になってようやく見えるということを明らかにしている。実験2は，その最後の人形が地平線の下にどんどん沈んでいくことを示す。人形たちを最初の人形から観察すると，人形たちはますます隠れていくことがよくわかる。
　最後の実験は，子どもたちの生活空間およびかれらの視野があまりにも小さいので，地球の湾曲はみえないということを示すものである。

### 4．まとめ

　「地球と宇宙」のようなテーマは小学校段階においても意義がある。子どもたちの興味をかき立てる，教科の枠を超えたテーマである。学校のなかでは，理科とならんで，たとえば図工や国語もまた統合したものといえる。
　これらの事実教育の例からわかるように，子どもたちが主体となる活動的な学習は，子どもたちの学習の喜びを高める。いつもとは少し違うアプローチの仕方やちょっとした実験などをすることによって，楽しく活動をしながらきちんとした認識をも身につけることが十分に可能であることを示すものである。
　また早期の環境教育は子どもたちの環境意識を育てるための重要な基礎となる。そのような環境意識は，環境をうまく受容し環境への敬意を忘れずに，さりげなく持続的に自然と付き合っていくという目標にとって不可欠である。その意味においても生活科および総合的学習の時間に，自然科学的学習をすることは重要であるといえる。

【舩尾恭代】

# 子どもとともに育つPTA

　本校のPTAは，子どもの健全な成長を願って，保護者と教師が手を携え，地域の協力のもとに，より望ましいPTAのあり方を求めて活動を進めてきた。各種研修事業の充実，各常任委員会（広報，生活，環境，福祉，学級）の積極的な活動など，活発なPTA活動を推し進め，成果を挙げてきた。
　平成13年度の活動は，以下に示す内容である。

## 1　親子のふれあい活動

・作野親子ボランティアサービス
　3年生以上の子どもとともに，資源ゴミ回収と公園や道路の除草・ごみ拾い活動を行った。年2回の活動は，PTA役員のみならず多くの会員の方々にご協力いただき，親子のふれあい活動としても，価値ある活動であった。

・学年PTA活動
　年1回，親子のふれあい活動を中心とした学年の活動である。全員の保護者が出席してくださり，おでんづくり，五平餅づくり，もちつき等，楽しい雰囲気の中でふれあうことができた。

## 2　充実した委員会活動

　本校の5つの委員会は，大変活動的である。各委員長が中心となって企画・運営しているが，前年度の反省を生かしながら活動している。
【例】成人広報委員会では，年3回の広報「さくの」を発行しているが，まず広報委員全員の出席で新聞講習会を開き，専門家の新聞記者の指導を受けることから始める。多い月は6回もの委員会を開き，内容の検討，レイアウト，原稿依頼へと進める。また，各行事にはカメラを持ってシャッターを切り，写真選びもすべて行う。

## 3 積極的なボランティア活動

　完全学校週五日制が始まり，総合的学習も軌道に乗りつつある。そうした中で，PTAや地域の方々が中心となってボランティア活動をしてくださる方が多くなり，学校全体に活気が満ちてきた。昔の遊び，読み聞かせ，町の先生としての授業参加等，1年間で300名を超える方が参加してくださった。

作野小学校教頭　山崎　清治

# Dreams come true

　わたしは「夢がかなう」という意味の英語の名前をもつ，永く3人組であったバンドのコンサートを何度か観たことがある。コンサートの冒頭，卓越した歌声をきかせるボーカル担当の女性はいつも必ず「みんなを幸せにしてあげるよ」という意味の言葉を叫ぶ。そしてその言葉をけっして裏切ることはない。日頃の鍛錬，努力，工夫のたまものであろう。
　教師が授業を開始するとき，どんなことを考えているのだろうか。
　作野小の先生方が「熱中してほしい」「問いをみつけて，追究してほしい」「子どもたちどうしで熱い話し合いをしてほしい」「自分を思いっきり出してほしい」という気持ちで授業にのぞんでいることは，第2章の諸例からわかる。
　しばしば親はわが子に「勉強しなさい」と指示を出す。たいていの親は教科の学習指導に関してはアマチュアであるゆえに，そのような指示しかできなくても仕方ないのかもしれない。しかし教師は教育のプロであり，授業指導のプロである。「勉強しなさい」という指示しかできないようではプロとは言えない。プロであるのなら，どのようにすれば子どもが学ぶのかを考え，そのための手だてを適切に講じることができなくてはならない。教師はいかにして，子どもの学びを引き起こし，かつ支えるべきか。その答えをとりわけ第3章から読みとっていただきたい。
　「夢がかなう」という意味の英語の名前をもつバンドのメンバーは昨年9月11日にニューヨークで起こった同時多発テロの現場の近くで仕事をしていた。ショックを受けたメンバーは，それでも自分たちは愛の歌を歌い続けると言う。また「逃げないで僕たちも頑張りたいですね。たとえば大人たちがどれだけ子どもたちに素晴らしい環境と見本を見せられるか，子どもたちにちゃんとした

手引きをしてあげられるかが」大切なのだ，というそのメンバーの言葉は(Saison Card News, 4/2002 より)，教育を生業とする者にとっても意義深い。

作野小の先生方が子どもたちに素晴らしい環境と見本をみせ，適切な手引きに努力していることを，とりわけ第4章から読みとってほしい。

この本は作野小学校のすべての教員によって執筆された。校内編集については特に市川正孝教諭が中心的役割を果たした。

理論的な叙述に関しては，土屋武志助教授（愛知教育大学社会科教育講座）および中野真志助教授（愛知教育大学生活科教育講座）から示唆をえた。

主な参考文献（序章や補章で注記したものを除いて）を以下にあげておく。

- ユルゲン・シェーファー『就学前教育・幼年学校史』学文社，1991年
- 舩尾日出志編著『生活世界に迫る教育』学文社，1994年
- 舩尾日出志『パウル・エストライヒ』学文社，1996年
- J. フーン他『過去をみる見地』学文社，1999年
- 舩尾日出志・長友欽哉「自ら課題を見つけ，主体的に探求を深める子どもたち」愛知教育大学教育実践総合センター紀要第2号，1999年
- 野田恵美・舩尾日出志「安城市立作野小学校における総合学習の構想と展開」愛知教育大学教育実践総合センター紀要第4号，2001年

この本の出版にあたって，学文社の三原多津夫氏にお世話になった。記してお礼申しあげる。

2002年3月31日

舩尾日出志

## 執筆者紹介

《氏名，執筆担当箇所，教員経験年数，所属（作野小関係者以外），「モットー」（作野小関係者のみ）》

| 氏名 | 担当 | 年数 | モットー／所属 |
|---|---|---|---|
| 平澤　盛久 | はじめに | 36年 | 「与えて　求めず」 |
| 舩尾日出志 | 編者代表・序章等 | 27年 | 愛知教育大学教授（社会科教育講座） |
| 早川　一雄 | 編者・第1章 | 28年 | 「子どもにもおとなのように　ひとりにもおおぜいのように」 |
| 長友　欽哉 | 例1 | 11年 | 「心がほっとする温かい雰囲気の漂うクラスづくりをめざしています」 |
| 恒川　麻子 | 例2 | 5年 | 「不言実行。たとえ険しい道だとしても，いつも笑っていきましょう」 |
| 岡庭　智美 | 例3 | 2年 | 「成せば成る。どんなに難しいことでもやればできるはず…」 |
| 河合　和代 | 例4 | 6年 | 「悩んだら，1番大切なことは何かをよく考える。後は欲ばらない」 |
| 野々山美恵 | 例5，第3章第4節 | 16年 | 「話せばわかる，何事も。プラス思考で，多方面から物事をみる心」 |
| 内田　博志 | 例6 | 21年 | 「子どもの伸びようとしている芽を見つけて，育ててやりたい」 |
| 田尻ふみ子 | 例7 | 26年 | 「子どもと共に，味のある人間になれるよう日々を前進」 |
| 菅原　英樹 | 例8 | 1年 | 「一歩ずつ一歩ずつ，子どもも私も前進。常に前をみて生きよう」 |
| 阿部　澄子 | 例9 | 26年 | 「あるがままの自分，そのまんまの自分を受け入れよう」 |
| 井原　泰枝 | 例10 | 1年 | 「子どものいい面を見つけ，それを生かした授業ができれば…」 |
| 浅田　文代 | 例11 | 4年 | 「健康第一。そのためには，よく寝て，よく食べ，よく遊ぶ」 |
| 青木　俊樹 | 例12 | 5年 | 「子どもといっしょに笑い，なやみ，学ぶ。そんな教師でありたい」 |
| 野田　恵美 | 編者・例13, 14 | 10年 | 「1時間に1度は笑いのある授業をめざして日々修行中です」 |
| 角山　春樹 | 例15 | 26年 | 「一生青春，一生感動」 |
| 川口きぬよ | 例16 | 11年 | 「人の心の痛みがわかる人に…子どもにも私にも言いきかせています」 |
| 井上　優子 | 第3章第1節 | 16年 | 「子どもに安心と勇気を提供できる保健室で， |

| | | | |
|---|---|---|---|
| | | | 自分も共に成長したい」 |
| 村山さとみ | 第3章第2節 | 8年 | 「自分がうごけば，まわりの状況は変えられる。すべて自分しだい」 |
| 河村奈央子 | 第3章第3節 | 2年 | 「真摯に。一日一日を自分らしく」 |
| 市川　正孝 | 編者代表，第4章第1節 | 22年 | 「志と情熱を忘れず，子どもとともに一歩ずつ」 |
| 加藤　雅亮 | 第4章第2節 | 14年 | 「あわてない，あわてない。一休み，一休み」 |
| 宮田美智子 | 第4章第3節 | 12年 | 「大好きな仕事をやれることに感謝して，毎日がんばりたいな」 |
| 土屋　玲子 | 第4章第4節 | 25年 | 「何事にも挑戦」 |
| 樹神ゆかり | 第4章第5節 | 11年 | 「一番大切なことは何かを，いつも考えながら行動しよう」 |
| 黒柳　時恵 | 第4章第6節 | 34年 | 「楽しい思い出は苦しい時の生きる力になる。思い出作りの達人に」 |
| 山本真佐子 | 第4章第7節 | 24年 | 「いつまでも若い自分でいたい。気持ちだけでも新しいものを求めて」 |
| 舩尾　恭代 | 補章 | 24年 | 愛知教育大学講師(非常勤)，岡崎女子短期大学講師(非常勤) |
| 山崎　清治 | 子どもとともに育つPTA | 34年 | 「人の一生は，重荷を負うて遠き道を行くがごとし」 |

(執筆順)

| 学びを支える──安城作野小学校の実践 | |
|---|---|
| 2002年8月30日　第1版第1刷発行 | |
| 編著者 | 舩尾　日出志<br>市川　正孝<br>野田　恵美<br>早川　一雄 |

発行者　田中　千津子

〒153-0064　東京都目黒区下目黒3-6-1
電話　03 (3715) 1501 ㈹
FAX 03 (3715) 2012
http://www.gakubunsha.com

発行所　株式会社　学文社

印刷　新灯印刷

© H. Funao/M. Ichikawa/E. Noda/K. Hayakawa 2002
乱丁・落丁の場合は本社でお取替えします。
定価は売上カード，カバーに表示。

ISBN4-7620-1158-4

| | |
|---|---|
| OECD教育研究革新センター 著<br>中嶋 博・山西優二・沖 清豪訳<br>**親の学校参加**<br>——良きパートナーとして——<br>A5判 300頁 本体2000円 | OECD9カ国の実態分析を中心に国際動向を明らかにし，親の学校教育への関与がなぜ今日とくに重要な課題となっているかを解明。地方分権と規制緩和の時代，学校が親の知と力を活用しない手はない。<br>0835-4 C3037 |
| 早稲田大学 朝倉征夫編著<br>**子どもたちはいま**<br>——産業革新下の子育て——<br>A5判 233頁 本体2100円 | 〔早稲田教育叢書〕子どもたちの望ましくない変化は親や教師の責任とするにはあれこれに目を奪われ問題の所在を見失いがち。産業の革新下で不可視なまま変化を来たしているのでは。<br>1026-X C3337 |
| J.フーン・D.シェーデル著<br>舩尾日出志他訳<br>**過去をみる見地**<br>——生活と体験に迫る歴史学習の試み——<br>A5判 172頁 本体2400円 | ドイツの連邦政治センター・プロジェクト「歴史-政治学習の過程における見地」の研究成果。一般淘冶の学校システムのなかで現代史はどう扱われるべきか，授業実験の構想と経過と結果を例示解説。<br>0842-7 C3037 |
| ユルゲン・シェーファー著<br>舩尾恭代・舩尾日出志 訳<br>**就学前教育・幼年学校史**<br>四六判 232頁 本体2427円 | ドイツにおける本格的就学前教育史の研究。教育的行為を社会的・政治的・経済的諸事象と関連づけることを軸に，就学前教育の歴史をその主要構造において示し，理論的基礎とその実践化について叙述。<br>0402-2 C3037 |
| 九州産業大学 赤星晋作著<br>**学校・地域・大学のパートナーシップ**<br>——ウェスト・フィラデルフィア改善組織(WEPIC)の事例研究——<br>A5判 220頁 本体2800円 | 米国での学校・地域・大学のパートナーシップのうち，特にフィラデルフィア市の改善組織に注目。パートナーシップの概念，組織，活動の内容，成果を明し，より有効な学校・地域・大学のパートナーシップを考察。<br>1035-9 C3037 |
| 図書館情報大学 関口礼子著<br>**カナダ ハイスクール事情**<br>A5判 308頁 本体2500円 | 大学教授である著者が，カナダ・カルガリ・フォレストローン・ハイスクールに体当たり登校し，現地高校生と一緒に学校生活を送る体験記。一高校生の目線から日本とカナダの高校教育を比較考察する。<br>0683-1 C3037 |
| 鹿屋体育大学 平沢信康著<br>**五無斎と信州教育**<br>——野人教育家・保科百助の生涯——<br>四六判 438頁 本体3500円 | 閉塞感が語られ，野性の復権が叫ばれて久しい。五無斎こと保科百助こそ，強烈な野趣に富む教育家として注目すべき教育者のひとりである。勇気とユーモアをふるい，ひた生きた彼から力が賦活されよう。<br>1007-3 C3037 |
| 浅見雅子・北村眞一著<br>**校　　　歌**<br>——心の原風景——<br>四六判 274頁 本体2000円 | 全国の中学校3600校余から校歌を取り寄せ，校歌の成立・歴史・構成・作詞過程などを研究するとともに，地域の環境に対する認識や意識が校歌にどのように反映しているかを分析する。<br>0636-X C3025 |